LA RÈGLE

DE

SAINT BENOIT

TRADUITE EN VERS FRANÇAIS PAR NICOLE

Publiée par A. HÉRON.

ROUEN

IMPRIMERIE CAGNIARD (LÉON GY, SUCCESSEUR)

rues Jeanne-Darc, 88, et des Basnage, 5

1895

LA RÈGLE DE SAINT BENOIT

TRADUITE EN VERS FRANÇAIS, PAR NICOLE

Publiée par A. HÉRON.

I

LA RÈGLE DE SAINT BENOIT

On ne saurait contester à la *Règle de saint Benoît* la qualification de document historique puisqu'elle est, depuis près de quatorze siècles, la constitution d'un ordre dont le rôle dans l'histoire a été considérable, jouissant ainsi d'une durée que les constitutions politiques peuvent bien lui envier ; mais on sera peut-être étonné de voir figurer sa traduction en vers dans une collection publiée par une Société normande.

Le fait aura sans doute son explication et sa justification aux yeux de ceux qui voudront bien considérer que le seul manuscrit connu qui contient cette version a appartenu de temps immémorial à l'abbaye de Jumièges, et que l'auteur de cette traduction paraît avoir été normand lui-même.

Les preuves, je me hâte de l'avouer, ne sont pas décisives ; elles ne manquent pas toutefois de fondement. Les formes normandes y sont nombreuses, mais mêlées à des formes françaises bien fréquentes aussi. Lesquelles, dirat-on, sont du fait du copiste ? lesquelles du fait de l'auteur ? Il faudrait que le caractère normand de la version fût assuré par les rimes ; or il l'est dans ces deux vers :

Ou ses pechiez a cele foiz
Nis les orribles et les leiz.   v. 1059-1060.

Le traducteur avait écrit *feiz* que le copiste a transformé en *foiz*. Quoi qu'il en soit d'ailleurs, on saura sans doute gré à la *Société de l'Histoire de Normandie* d'avoir publié un ouvrage qui, suivant le jugement de M. P. Meyer, « a de l'importance comme texte de langue » (1).

Le manuscrit qui contient la *Règle de saint Benoît* traduite en vers français appartient à la Bibliothèque municipale de Rouen; il est inscrit sous la cote A 389 (n° 536 du catalogue imprimé) et provient du monastère de Jumièges où il portait la cote C 71. Composé de 126 feuillets de parchemin ayant 242 millimètres de hauteur sur 178 de largeur, il contient deux ouvrages que le hasard de la reliure a simplement réunis (2). Le premier est le *Diadema monachorum* de Smaragde qui remplit les quatre-vingt-quatorze premiers feuillets; cette partie du manuscrit est incomplète de la fin; de cent chapitres que l'ouvrage comprend, notre manuscrit n'en contient que quatre-vingt-quinze avec les deux premières lignes du chapitre 96 : *Ante faciem ergo suam graditur justus quia ad ea que reliquerat nullo jam appetitu et...* Le ms., qui s'arrête ainsi au bas du f° 94 v°, est écrit à longues lignes; il appartient au XII° siècle; une miniature occupe le v° du f° 4.

La traduction de la *Règle de saint Benoît* commence au f° 95 r° par ces deux vers dont l'écriture est postérieure à celle du manuscrit :

> Seint Benecit ci nos estruit
> Coment devons vivre trestuit.

(1) V. *Romania*, t. XI, p. 168.
(1) V. *Romania*, t. XI, p. 168.
(2) La numérotation des folios 1 à 126 est d'ailleurs d'une main moderne.

Elle finit au r° du f° 126, dont le v° contient les titres latins des soixante premiers chapitres ; le reste manque. Elle a été écrite dans les premières années du XIII° siècle sur deux colonnes de 31 vers chacune.

Une particularité mérite d'être signalée. Dans la première page (f° 95 r°), la capitale de chaque vers est détachée de la suite, ainsi que cela se voit communément dans les poèmes manuscrits ; mais à partir du v° de ce même folio, le premier vers de chaque paire présente seul cette particularité ; le second vers est rentré, de sorte que sa première lettre, toujours minuscule, se trouve placée sous la seconde lettre du premier vers :

> Q   uant qu'il lor dit d'enseignement
> dit il a vos tot ensement.

M. P. Meyer a constaté le même arrangement dans le manuscrit qui contient l'*Histoire de Guillaume le Maréchal* (1). « Cette disposition, dit-il, consiste en ce que le second vers de chaque paire est rentré. On conçoit que si le copiste venait à sauter un vers, la disposition adoptée en serait immédiatement changée, en sorte que le premier vers de chaque paire, et non le second, se trouverait rentré. En fait, le ms. paraît avoir omis en certains endroits soit une paire, soit plusieurs paires de vers, mais nulle part il n'omet un vers seul » (2). On peut en dire autant du texte de la *Règle de saint Benoît* (3).

---

(1) V. le fac-similé au t. II de l'édition publiée par P. Meyer pour la *Société de l'Histoire de France*.

(2) *Romania*, t. XI, p. 25.

(3) En fait, plusieurs vers pairs ont été écrits avec capitales détachées, mais il n'y a pas eu de vers omis; le copiste a repris de suite la disposition indiquée.

Ajoutons, pour compléter la description du manuscrit, que les titres des chapitres sont en rubrique et que chaque chapitre commence par une lettre ornée.

La traduction renferme exactement 4,000 vers de huit syllabes, y compris les deux vers du titre général, écrits postérieurement, comme je l'ai déjà dit. Il existe après le vers 1444 une lacune de plusieurs vers; deux vers manquent après le vers 2468, mais les vers 2473-2474 ont été répétés deux fois.

Le translateur s'est attaché consciencieusement, sinon toujours avec exactitude, à traduire le texte latin; il n'a omis que quelques mots ou quelques bouts de phrase, gêné sans doute qu'il était par la mesure ou par la rime; il n'a presque rien ajouté de son cru; emporté sans doute par ses souvenirs bibliques, il s'est borné à amplifier légèrement le récit du supplice du « provoire Hély » (v. 461-470), et celui d'Ananie et de Saphir (v. 3117-3126).

Il a fait précéder sa traduction d'une préface dans laquelle il explique son but et se fait discrètement connaître. Il a voulu, dit-il, être utile aux religieuses qui ont fait profession de servir Dieu en se conformant à la règle de saint Benoît qu'elles entendent chaque jour lire en latin sans pouvoir la comprendre (1) :

(1) C'est aussi le but que se propose l'auteur de « La tresample et vraye expo // sition de la Reigle monsieur Sainct Benoist tresutile et ne // cessaire a toutes gens de religion Et specialement a de // votes sanctimonialles mili- tantes soubz le statut et di // vine institution d'icelluy Sainct Benoist qui est le re // splandissant miroer de la vie monastique et lexemplaire de toute sain // cté et reguliere discipline // Nouvellement im // primé a Pa // ris pour Sy // mon Vostre li // braire : demourant au dict // lieu :

La reule oent chascun jor lire,
Mès ne sevent que ce veut dire.
En vain ot lire qui n'entent,
Poi en profite et poi en prent.
N'entendent mie bien latin,
Si en meinent plus male fin,
Et s'en pleignent meintes fiées
Que par riens ne sont avoiées.
Jes vois en grant esgarement.
De la pitié que moi enprent
M'est venu de Dieu en corage,
Qui del mult fol set faire sage,
De cele reule translater,
De latin en romanz torner.....   v. 23-36.

Son nom est « Nichole », et c'est là le seul renseignement personnel que son humilité lui permette de donner :

Ne vos di mie cui je sui,
Quer n'en quer gloire avoir d'autrui,
Loier ne conquest ne porchaz,
Fors de Dieu sol por qui jel faz.
Il me le voudra bien merir
Se l'oevre li vient a plesir.
NICHOLE ai non, n'en di avant,
Assez ai dit de moi en tant.
Pechierres sui ; par Deu vos pri
Proiez que Dex face merci
A m'ame de toz mes pechiez
Que je ne soie a mort jugiez,
A mort qui n'a ne fin ne mort,
Penose et pardurable et fort,
Mès o cels soit mis mes espirz
Que Dex a a sa part esliz.   V. 43-58.

a la rue neufve nostre da // me a lenseigne sainct Jehan levange // liste. Devant Saincte Genevie // ve des Ardans. (Bib. nat. Inv. Rés. H 211).

Il est facile de conclure de ce passage que Nicole était un religieux; où d'ailleurs, si ce n'est dans un monastère de Bénédictins, pouvait naître l'idée de traduire en vers français la règle de saint Benoît ?

Les traductions en prose de cette règle ne sont pas rares. Je me bornerai à en citer trois que possède la Bibliothèque municipale de Rouen; elles sont contenues dans les mss. E 81, anc. Jumièges C 44 (n° 763 du catalogue imprimé), U. 50, anc. Jumièges K 28 (n° 1226 du cat. imp.) et U 69, provenant de Saint-Wandrille (n° 1212 du cat. imp.). Toutes trois appartiennent au XIIIᵉ siècle.

Les textes contenus dans les mss. E 81 et U 69 sont normands; ils diffèrent peu l'un de l'autre ainsi qu'il résulte de la comparaison d'un passage de ces deux mss.

E 81. — Labbe qui est digne destre devant les autres u moustier deit toutes horez remembrer chen que il est dit et aemplir par fes le non du gregnour. Quer il tient le lieu nostre segnour en moustier par qui sornon il est apele si comme dit lapostre : Vous aves recheu lesperit de lacreissement des filz en qui nous crions pere abbe... *fᵒ 6 vᵒ*.

U. 69. — Labe qui est digne destre sus les autres eu mostier deit totes hores remembrer che que il dit et aemplir le non deu greignor par faiz. Quer il tient le lieu Crist eu mostier par qui sornun il est apelez, si con dit li apostres : Vos avez receu lespirt descreissement des fiz el quel nos crion abbe chest pere... *fᵒ 87 vᵒ*.

J'ai choisi ce passage dans les deux mss., non seulement pour en établir la similitude, mais aussi pour citer une expression singulière que l'on trouve également à peu près sous la même forme dans la règle traduite en vers. Ces mots du texte latin : *Accepistis spiritum adoptionis filiorum, in quo clamamus Abba, Pater*, ont été ainsi traduits par Nicole :

De filz de crois l'espirt avon
En cui abba pere crion.   V. 351-352.

Le ms. E 81 traduit ainsi ce passage : « Vous avez recheu l'esperit de l'acreissement des filz en qui nous crions pere abbe; » (U 69 l'espirt d'escressement des fiz). Les mots *crois, acreissement, escressement* ont donc ici le sens d'adoption. C'est, je crois, le seul exemple connu de ces mots pris en ce sens ; *adoptare* signifiant adjoindre par choix implique d'ailleurs l'idée d'augmentation, d'accroissement d'un corps ou d'une famille.

Quelques mots encore sur les formes et sur la versification.

La seule copie que nous ayons de cette traduction de la *Règle* n'a pas été exécutée d'un bout à l'autre par la même main, c'est ce que l'écriture prouve, et encore mieux la différence des formes. A partir du vers 2175, les formes en *ou* sont presque partout substituées aux formes en *u* et en *o : beneïçoun, sour, aurount*. La forme régime *Dieu* ne se trouve pas avant le vers 2200 ; on ne la rencontre plus après le vers 3478 ; la forme régime *Dié* ne se montre qu'à partir du vers 2179. Quant aux formes *Dex*, sujet, *Dé* et *Deu*, régimes, seules employées dans la première partie du manuscrit, elles n'apparaissent plus que très rarement dans la seconde.

Le traducteur ne s'est pas astreint à suivre la règle de l'*s*, bien qu'il l'observe le plus souvent, ainsi que les rimes et la mesure l'attestent. La différence du cas sujet et du cas régime dans les mots dérivés de la troisième déclinaison latine n'est pas mieux observée. *Abes*, abbé, est presque toujours la forme du sujet ; on trouve pourtant, v. 3675-3676 : *De trestoute la poesté Que en els avoit loïr abé.* Les formes en *erre (erres)* ne sont employées qu'au sujet : *destinterres* 409, *estreperres* 2014, *gasterrés* 1984, *pechierre* 51, 222, *pechierres* 1163, *rebateillieres* 3452, *receterres* 410 ; mais on trouve la forme *greindre* au vers 415 : *Ne n'ait le franc en greindre pris,* où *greignor* aurait aussi bien fait la mesure ; quant à *greigneur, graignour,* ils sont employés au cas sujet singulier dans les vers 2322, 3531, 3536. On trouve aussi *joindres* 3833, et *jovenors* 3535, tous les deux au sujet singulier, mais *mendre,* sujet, et *menor,* régime.

Il y a dans cette traduction un nombre assez grand de vers n'ayant que sept syllabes, si on leur applique nos habitudes d'élision ; mais pour l'auteur l'élision de l'*e* muet est facultative.

A nos, non, sire, a nos non	193
En son reigne o lui partir	272
Ice que il meuz en sent	558

Ceci, d'ailleurs, n'est point particulier à notre traducteur. Dans son introduction au roman de l'*Escoufle,* M. P. Meyer fait remarquer qu' « il y a dans l'*Escoufle,* comme en beaucoup d'autres poèmes de la même époque et d'une date plus récente, de nombreux cas de la non élision de l'*e* féminin. En général, ajoute-t-il, ces cas (ceux du moins qui me paraissent assurés) se produisent lors que l'*e* non élidé est suivi d'un monosyllabe » (1). Il en est de même dans la *Règle ;* toutefois, l'élision de l'*e*

(1) *L'Escoufle, roman d'aventure,* 1894, p. LII, publié par la *Société des anciens Textes français.*

féminin s'y rencontre encore devant un mot de plusieurs syllabes dans quelques vers auxquels aucune correction ne semble nécessaire.

Dans « un poème inédit de Martin le Franc » publié par lui, M. G. Paris a fait remarquer à propos de ces deux vers :

Raison y a jusques ad ce

. . . .

Quant il n'est bien en une place.

une « singulière façon de rimer et la diminution d'une syllabe qu'elle amène dans le vers » (1). Ce couplet de la *Règle* nous en offre un exemple qui remonte ainsi au XIIIᵉ et peut-être à la fin du XIIᵉ siècle :

S'aucuns de vos dist : Sire, je,
Dex li respont et dist ice :   V. 139-140.

On rencontre encore des vers irréguliers autrement que par la non élision de l'*e*. J'ai rétabli la mesure quand la correction me semblait possible. Je me suis d'ailleurs appliqué à reproduire fidèlement le texte, me bornant aux corrections indispensables, et, dans ce cas, indiquant toujours dans les notes les leçons que j'abandonnais. De nombreux passages de cette traduction sont peu aisés à comprendre ; j'en ai facilité l'intelligence en citant au bas des pages les passages correspondants de la règle latine. Quant aux explications qui portent simplement sur les mots, ou les trouvera dans le Glossaire assez étendu qui termine cette publication, mais que j'aurais

(1) V. *Romania*, t. XVI, p. 428, texte et notes.

voulu faire complet, si je n'avais craint d'abuser de la gracieuse hospitalité que la *Société de l'Histoire de Normandie* a bien voulu me donner dans ce volume de ses *Mélanges.*

RÈGLE DE SAINT BENOIT

Seint Beneeit ci nos estruit   ~ f. 95 a
Coment devons vivre trestuit.

   Qui sages est et a de quei
   Estruire doit autrui com sei,
5 Car ovraigne est de charité
   Estruire autrui por amor Dé.
   Que vaut tresor qui est muchié,
   Ne sens dont nuls n'est avanchié?
   Qui nel despent ne Deu n'en sert,
10 Por voir et l'un et l'autre pert.
   Je voi plusors entre la gent
   Qui ont trop simple entendement
   Et mestier ont de ce aprendre
   Que ne poent par soi entendre,
15 Anceles Deu noméement
   Qui sunt en cloistre et en covent,
   Qui on[t] fetes professions
   A Deu de lor religions
   En obedience servir
20 Et l'ordre et la reule atenir
   Le boen abé seint Beneeit
   Par qui moines sunt en destreit;
   La reule oent chascun jor lire
   Mès ne sevent que ce veut dire.

1-2 *Les deux vers formant titre sont d'une autre main que celle du ms.* — 8 1 *de* nuls *exponctué.*

25. En vein ot lire qui n'entent
Poi en profite et poi en prent.
N'entendent mie bien latin,
Si en meinent plus male fin
Et s'en pleignent meintes fiées
30 Que par riens ne sunt avoiées.
Jes voi en grant esgarement.
De la pitié que moi enprent
M'est venu de Deu en corage,
Qui del mult fol set faire sage,   *95 b*
35 De cele reule translater,
De latin en romanz torner
En une rime mervellose,
Que l'uevre soit plus delitose.
Se la rime les moz ajence
40 Por ce ne perist la sentence,
Car li sens i est si compris
Que tot le plein i avon mis.

Ne vos di mie cui je sui,
Quer n'en quer gloire avoir d'autrui,
45 Loier ne conquest ne porchaz
Fors de Deu sol por qui jel faz;
Il me le voudra bien merir
Se l'oevre li vient a plesir.
NICHOLE ai non, n'en di avant,
50 Assez ai dit de moi en tant.
Pechierres sui; por Deu vos pri
Proiez que Dex face merci
A m'ame de toz mes pechiez,
Que je ne soie a mort jugiez,

<hr>

42 *Ms.* pein, l *écrit au-dessus de* pe. — 53 *Ms.* A m'anme, n
exponctué.

55   A mort qui n'a ne fin ne mort,
   Penose et pardurable et fort,
   Mès o cels soit mis mes espirz
   Que Dex a a'sa part esliz.

   Ore entendez, les Deu anceles,
60   Vos, dames, et vos, damoiseles,
   Qui par la reule avez enpris
   Aler la voie en paradis,
   Al seint abé et a ses diz
   Com li peres estruit ses fiz.
65   Quant qu'il lor dit d'enseignement   95 c
   Dit il a vos toz ensement
   Et vos aprent la voie estroite
   Qui meine a vie sanz deçoite,
   Et Dex la vos doinst si entendre
70   Et si oïr et si aprendre
   Et si selonc la reule ovrer
   Que vos ames puissiez sauver.

   Seint Beneoit fait cest present
   As moines d'amonestement.

75   Escoutez, filz, et entendez
   Et les commandemenz oez
   De vostre mestre Beneoit
   Si qu'al salu des ames soit;

56 *Ms.* pardurable, p *barré.* — 57 *Ms.* mes espiz, r *écrit au-*
dessus entre i *et* z. — 67 *Ms.* Et nos. — *Ms.* 69 la nos. — 73-74 *Ces*
deux vers ne sont pas en rubrique dans le ms. comme les autres titres
de chapitres; ils nous ont paru servir de titre au prologue.

Enclinez le cuer et l'orelle,
80 Ne vaut autrement une oselle;
Metez les amonestemenz
Del pitos pere es cuers dedenz;
Peine metez del retenir
Et puis par ovraigne acomplir,
85 Que vos faciez vers Deu retor
Par obeir et par labor
De qui par perece esloignastes
Qu'obedience ne gardastes.

A vos faz tot droit mon sarmon
90 Qui par Deu grace et par Deu don
Totes vos propres volentez
Deguerpiss(i)ez et refusez
Por Jhesu Crist le verai roi
Servir en amor et en foi
95 Es forz armes d'obedience
Qui les Deu chevaliers ajence.   95 d

Quant Dex vos espire entreset
De commencier alcun boen fet,
Deproiez el comencement
100 De coer et ententivement
Que il par la soe grant grasce
Le bien qu'en nos a mis parface;
Quant il nos deigna tant amer
Qu'entre ses filz nos vout numbrer,
105 Qu'il ne soit onques contristez
Por nos meffaiz qu'avon ovrez.
Tant li obeisson toz dis
De ses biens qu'il a en nos mis
Que il com pere corociez

110 Ne deserit les filz vochiez,
Ne qu'il com sire redouteiz
Par nos laiz pechiez aïrez,
Nos comme sers folons coupables
N'envoit es peines pardurables,
115 Com cels qui ne voudrent nul jor
Lui seurre a gloire et a honor.

Levon a la parfin amont,
Com l'escriture nos semont :
« Hore est ja lever de dormir ; »
120 Et penson de nos eulz ovrir
A la voire luor devine,
Et oon o orelle encline
Que la voiz Dé chascun jor crie
Et nos semont en salmodie :
125 « Se vos cest jor ma voiz oez,
« Vos coers endurcir ne voilliez. »
E puis : « Oez qui a oïe   96 a
« Que seint Espirz a ses filz die. »
Que dit ? « Venez, filz, si m'oez ;
130 « Aprendrai vos que Deu cremez.
« Querez, lumiere avez de vie
« Que mort ne vos soprengne mie. »
Ensement comme Dex quesist
En tant de poeple quil servist,
135 A qui ces paroles escrist,
En cel meisme seaume dist :

---

125 oiez, i *exponctué.* — 131 *Ms.* Querez, *currite, dum lumen vitæ habetis...* — 133-134 *Ms.* Et tant de poeple quil servist Et qui... *Et quærens Dominus in multitudine populi cui hæc clamat operarium suum...*

« Qui est qui vie veut avoir
« El boens jors covoite a veoir ? »
S'aucuns de vos dit : « Sire, je, »
140   Dex li respont et dit ice :
« Se tu veus vivre voirement
« Et durer pardurablement,
« Gar ta langue que ne mesdie
« Et gar tes levres de boisdie ;
145   « Destorne de mal et fai bien,
« Enquèr la pais et seu et tien.
« Quant c'aurez feit et jel verrai
« Et vos proiere[s] je orrai ;
« Ainz que m'apelez al besoign
150   « A vos dirai : près sui, non loign. »
Que est plus douce en ceste vie
Que la voiz Deu que nos envie ?
Par sa pitié Dex est lez nos,
Voie de vie mostre nos.

155   Or penson donc nos reins sorceindre,
Par feu et par boens fez estreindre,
Nos piez chauciez aparellier
A pais et salu preechier.   *96 b*
Les voies Dameldeu alon
160   Si que nos deservir puisson
Lui qu'il nos deignast apeler
En son reigne veoir regner.
Se nos par boens fez n'i corons
Ja desque la ne parvendrons ;

---

138 *Ms.* e de veoir *exponctué.* — 149 *Ms.* pe *écrit au-dessus du* mot apelez, *en marge* mapez *biffé.* — 156 *Ms.* Par feu *Succinctis ergo fide vel observantia bonorum actuum lumbis nostris…* •

165 Mais demandon nostre Segnor
    O son prophete saumeor :
    « Sire, o toi qui habitera,
    « En ton seint mont reposera ? »
    A ce que demandé avons
170 Le respons Dameldeu oons
    Qui nos va la voie mostrant
    Dé son tabernacle et disant :
    « Icil qui entre sanz ordure
    « Et qui oevre selonc droiture
175 « E qui voir dit en son corage
    « Et qui ne boise en son langage,
    « Qui a son prisme mal ne fet
    « Ne dont son prisme reproche ait,
    « Qui deiable meine a noient
180 « Et tot son amonestement,
    « E refuse de son esgart
    « Quant le veut traire a male part
    « E ses enfanz tient ses pensez,
    « A pierre fiert, Crist entendez ;
185 « Qui criement Deu et de lor bien
    « Ne s'enorguellissent de rien
    « E croient tot le bien qu'il font
    « Que non de soi, mès de Deu l'ont,
    « En soi et en tote lor oevre   *96 c*
190 « Loent Deu ꝗui tot bien manuevre,
    « O le prophete qui disoit
    « Ce que il par Deu entendoit :
    « A nos non, sire, a nos non,
    « Mès doné la gloire a ton non. »

177 *Ms.* fet, ait *a été écrit au-dessus de* et. — 183 *Ms.* Et ses
enfanz tient ses pensez, *et parvulos cogitatus ejus tenuit.*

195 Seint Polz de son preechement
Sor soi ne voût conter noient
Quant que il dist, mès dist en lui :
« Par grace Deu, sui je que sui. »
Derechief il meesme dit :
200 « Qui gloire quert, en Deu glorit. »
En l'evangile Dex retret :
« Qui mes paroles ot et fet
« Lui ferai l'omme resembler
« Qui set bien la meson fonder,
205 « Qui la meson edifia
« Sor pierre qui fermeté a ;
« Vindrent li flum, sofflérent vent,
« Empeinstrent la meson forment,
« Ne pout chaoir en nule guise
210 « Sor pierre ert fondée et assise. »

Ce fu compli el boen Seignor
Qui nos atent de jor en jor
Qu'a ses suens seinz enseignemenz
Respondre en fez nuls ne soit lenz,
215 E nos relasche jors a treve
Que li amendemenz enseve
Des maus pechiez de ceste vie,
Com li apostre nos desplie :
« Don[c] ne ses tu que la soffrance
220 « Deu ameine hom a penitance ? »   96 d
Car Dex li pitos dit regierres :
« Ne voil que muire li pechierres,
« Ainz voil qu'il soit a bien tornez

---

201 *Ms.* Deu. — 209 *Ms.* chaoir, e *écrit au-dessus de* o, i *ex-*
ponctué. — 214 l *de* nuls *exponctué.* — 215 *Ms.* jors et treve, *hujus*
dies vitæ ad inducias relaxantur.

« Et que il vive en toz éez. »

225 Enquis avon notre Seignor
Del tabernacle l'abitor,
De lui oismes ensement
D'abiter le commandement.
Se nos cel mestier complisson,
230 Del reigne des ceus heirs seron.
Nos coers estuet aparellier,
Nos cors nos covient chastier
As seinz commandemenz tenir
En obedience servir.
235 Se poi avons en nos poeirs
Requeron Deu et main et soirs
Que de la soe seinte grasce
Et aïde et secors nos face.
Se mort d'enfer volon fuir
240 Et a vie sanz fin venir,
Tant dis com nos somes leisant
Et en cest cors somes manant
Et tot list emplir sanz error
Par ceste voie de luor,
245 Hastons et fesons ore tant
Que nos profit al parmanant.

E or nos covient establir
Une escole de Deu servir
Ou n'arons riens aspre ne grief
250 Que bien ne puisson metre a chief.
Se nos alons un poi estroit,   *97 a*

227 Ne *écrit postérieurement au-dessus de* ensement *entre* se *et*
ment. — 232 *Ms.* Nos cors nos covient a chastier, *postérieurement*
le second nos *écrit au-dessus entre* cors *et* covient, a *exponctué.* —
249 *Ms.* ou navons.

Selonc raison et selonc droit
Por les mals vices amender
Et por la charité garder,
255 Ne soiez pas espoenté
Que fuïez vie de santé,
Que l'en ne puet pas commencier
Sanz entrer en estroit sentier ;
Par bone conversation,
260 Par foi et par religion
E par coer grant et large et lé,
Plein de douçor, de charité,
Doit l'en la voie Deu aler
Por ses comandemenz garder.
265 De sa mestrie ne partons,
En sa doctrine demorons
Tresqu'a la mort en son mostier,
Et iluec soion parçonier
Par soffrance des passions
270 Qu'il soffri por nos raençons,
Si que nos puissons deservir
En sun reigne o lui partir.

*Des moines ci nos senefie
Et les manieres et la vie.*   CAPITULUM PRIMUM.

275 Quatre manieres sunt de moines ;
Voirs est aperz et sanc essoines.
Cenobite sunt li premier,
Qui en covent et en mostier

---

255 *Ms.* espoenté, o *écrit au-dessus.* — 267 *Ms.* mestier, *in mo-*
nasterio.

Servent Deu en communité
280 Soz reule et desoz lor abé.
Li secunt sunt anachorite,
Cil qui sunt apelé hermite   *97 b*
De cels nè sunt pas qui soz saut
Conversent en desert ou (en) gaut
285 Par un talent et un pensé
Trop ardant en la noveauté,
Mès qui en mostier demorérent
Et longuement s'i esprovérent
E [qui] entre autres ont apris
290 Combatre as felons enemis,
Com chevalier en ost estruit
Qui de batalle sunt bien duit,
E sunt seür de contre ester
Al deable en estor singuler
295 E poent sanc autrui solaz,
Par lor main sole et par lor braz,
Encontre les vices charneus
Et les assauz esperiteus
Combatre avec la Deu aïe
300 Qui a ses servanz ne faut mie.

Le tierz sunt mavès et eslite
Et sunt nomé sarabaïte;
Soz reule ne sont pas prové
Ne par nul mestre espermenté
305 Si com la fornese l'or proeve
Et rent plus pur qu'ele nel t[r]ueve.
Mols sunt de coer com est li pluns ;

---

290 *Ms.* felons *écrit sur grattage.* — 294 *Ms.* Al deiable en estor singuler, i *de* deiable *et* en *exponctués.*

As oevres pert et bien veons
Q'au siecle voelent foi tenir
310 Et par tonture a Deu mentir.
Il sunt enclos ci. ij. ci troi,
Ou chascuns est toz sols par soi,
Non es berchilz nostre Seignor,　　　*97 c*
Mès es lor berchilz sanz pastor.
315 Ice[s] ont et tienent por loi
Que chascun desire endroit soi;
Quant que il eslisent ou cuident
Por seinte chose ont ce dient
Et ce qu'il nen ont en voloir
320 Ne list pas fere a lor espoir.

Li quart moine sunt, ce m'est vis,
C'on apele girovaïs,
Q'il tant com il en vie sunt
Par diverses contrées vont
325 Por diverses celles cerchier
Trois jors ou quatre herbergier.
Toz tans sont vai, toz tans errant,
Ne sunt estable tant ne quant;
Lor propres deliz vont querant
330 Et a gulosité servant.
Sunt Sarabaïte en error,
Cist sunt de tot en tot poior.

De toz ices meuz est cesser
Que de lor feblesce parler.

310 *Ms.* venir, *mentiri Deo per tonsuram noscuntur.* — 311 *Ms.*
dui *écrit en marge.* — 322 *Ms.* Com. — 327 *Ms.* Tot tans sont
vai. — 331 *Ms.* Sarabaïte sunt. — 333 *Ms.* i *écrit au-dessus de l'e
de* meuz. — 334 *Ms.* Que de lor chaitiveté parler; feblesce *écrit
en marge de la même main.*

335 Lesson ices, alon avant
La forte maniere ordenant
Des cenobites et lor vie
Et Dex nos i soit en aïe.

De l'abé dit ici en droit
340 *Quel a ses moines estre doit.*   CAPITULUM II.

Abes qui est en abeie
Digne d'avoir i la mestrie
Toz tans doit avoir enpensé
Ice que l'en apele abé,   97 d
345 E doit paremplir son grant non
Par foi et par religion ;
Quer nos creons qu'il voirement
Vicaires Deu est en covent,
Quant sen sornon de lui sortist,
350 Dont li apostres seint Polz dist :
« Des filz de crois l'espirt avon
« En cui abba pere crion. »
Por ce contre le Deu conmant
Ne doit abes ne poi ne grant
355 Ne enseignier, n'amonester,
Ne establir, ne commander ;
Sa doctrine et sa commandise
Soit levains de la Deu justise.
Arrost et moist les cuers es piz
360 De ceus qui sont ci aprentiz.
Menbrer li doit tot ensement

359 *Ms.* espiz. — 360 *Ms.* ap rentiz, *grattage entre* p *et* r; ci *est
écrit au-dessus de la ligne avant ce mot.*

Que de tot son enseignement,
Et quel obedience font
Si deciple qui o lui sónt,
365 En icel doutos Deu juise
Ert raison mult estroit enquise.
Bien doit savoir et bien entendre
Que al pastor se voudra prendre
Li haut pere de ses berbiz
370 Se li profiz est tro[p] petiz.
Sol tant se porra delivrer
Se il ne pout son fouc danter
Que garder voelle obedience,
S'il i a mis grant diligence
375 E en toz sens se soit penez   *98 a*
De saner lor enfermetez ;
Al jugement quites sera
Et a Deu o David dira :
« Ton droit en mon coer ne celai,
380 « Ton voir et ton salu nunçai,
« Mès trop le tindrent a petit
« Et moi en orent en despit. »
Donc de cels que ert et conment
Qui n'ont esté obedient,
385 Dirai le vos : peine auront fort,
Sanz morir pardurable mort.

Por ce quant aucuns non rechoit
D'abé, doble sens avoir doit :
De dous douctrines soit garniz
390 Metre devant ses aprentiz ;
Quanque boen est essait mostrer

365 *Ms.* Dieu, i *écrit au-dessus de la ligne.*

Plus en ovraigne qu'en parler.
A cels qui ont entendement
Sarmont del Deu commandement;
395   As durs et as poi entendanz
Enseint par fet les Deu commanz.
Quant qu'il dira que soit contraire,
Mostre par fet que n'est a faire,
Que [riens] ne soit trové en lui
400   Que il deffent a faire autrui,
Que Dex ne die en reprovant
Quant il verra lui mesfesant :
   « Que demostres tu mes justises
   « Ma loi par ta bouche devises ? »
405   « E tu as decepline en hé
   « Et ma loi hors de toi jeté.   *98 b*
   « En autrui oel vois le festu
   « El tuen le tref ne vois tu. »

Ne soit en covent destinterres
410   De persones ne receterres;
N'aint on l'un meins ne l'autre plus
Fors qui plus est al bien aüs,
Qui en bien faire est plus penibles
En obeir est plus paisibles.
415   Ne n'ait le franc en greindre pris
Que serf quant l'a en covent mis,
Se il n'i voit molt grant raison
Et molt resnable acheson;
Et se l'ab[e]s juge par droit
420   De chascun ordre si soit;

.409 *Ms.* Ne soit... *Non ab ea persona in monasterio discernatur.*
411 *Ms.* Neint on. — 419 *Ms.* ius *écrit dans le corps du vers;*
iuge *en marge postérieurement.*

Et se a lui est autrement
Son leu ait chascun proprement;
Car ou soion serf ou franchi,
Trestot en Deu somes oni;
425. Mès desoz un seignor servons
Et oelment un gou portons,
Quer Dex qui tot set et tot voit
Persones d'ome ne rechoit.
En sol itant nos tient divers
430 Se il nos troeve, ou frans ou sers,
En bones ovragnes mellors
Et en humilité greignors.
Toz aint li abes oelment
Si com a charité apent,
435 Et une decepline certe
Soit fete a toz selonc deserte.

Abes en son doutrinement, *98 c*
Quant doutriner veut son convent,
La forme seint Pol doit garder,
440 Reprendre, proier et choser,
Mesler selonc les tempremenz
O manaces blandissemenz,
Com mestres mostrer cruelté
Com pere as fils de pieté;
445 Les desafaitiez, les noisors,

---

422 *Ms.* Son lein... *propria teneant loca.* — 426 *Ici, comme aux autres endroits où ce mot se rencontre, un e a été écrit après* l *au-dessus d'oelment.* — 427 *Ms.* Quer Deu. — 428 Persones d'ome... *non est personarum acceptio apud Deum.* — 436 *Un second* s *écrit au-dessus de* deserte. — 440 *Ms.* choser *biffé; en marge* blasmer, *de main postérieure.* — 444 *Ms.* Com perre as filz de pietee, *un* r *de* perre *exponctué.* — 445 *Ms.* noisors, r *écrit au-dessus.*

Les porvers, les escharnissors
Constreindre doit plus durement;
Mais cels qui sunt obedient,
Soef, paisible, doit proier
450 De jor en jor meuz esploitier.
Enchoser doit ceus qui lent sunt
Et pereços qui cure n'ont
De lor ordre seurre et savoir,
Ainz tornent tot a nonchaloir.
455 E ne s'en voist pas defeignant
Com il ne soit apercevant
Des pechiez de cels qui mesfont,
Mès issi tost com il nestront
Doit tant com puet par decepline
460 Estreper les par la rachine.
E penst del provoire Hely
Comment il en Sylo peri
Qui trop ert feinz et tendre et mous
De chastier ses dous filz fols,
465 Ce fu Ophni et Fineés;
Por lor pechié, por lor excès
Enportérent si grief colée
Qu'andous furent ocis d'espée   *98 d*
E de sa sele trebucha
470 Heli, si que l'ame en routa.
Mès les honestes, les raisnables
Qui ont corages entendables
Doit une hore et autre enseignier
Et par paroles chastier;
475 Les engrès et les endurcis
Les porvers et les orguellis

447 *Ms.* s *de* constreindre *exponctué.* — 453 *Ms.* savor.

Et qui ne sunt obedient,
Destreindre bien par batement ;
Del cors soient mesaesié
480 Enz en l'entrée del pechié.
Et ce qu'escrit est bien entende :
« Fols par parole ne s'amende. »
E ce : « De verge fier ton filz,
« Sil garras des mortels perilz. »
485 Menbrer li doit de ce qu'en dit
Et metre en son coer en escrit ;
A qui Dex plus commande et croit,
Lui demande plus si a droit ;
Sache que grief chose reçoit
490 Qui les ames governer doit,
Et si doit mestrier plusors
Et servir a totes les mors.
E doit ilueques enchoser,
Ci blandir, ci amonester,
495 Et doit selonc lor elemenz
Et selonc lor entendemenz
Soi a trestoz si conformer
Et ses mors as lor aapter
Que ne descroisse l'assemblée   *99 a*
500 Qui soz Deu li est commandée,
Ainz soit par lui si acreüe,
Qu'a lui en soit joie rendue.

Encor covient sor tote rien
Que d'une chose se gart bien
505 Qu'il ne dessemble ne poi prist

---

481 *Ms.* entendre. — 505 *Ms.* Quil ne deffende... *ante omnia ne dissimulans aut parvipendens salutem animarum sibi commissarum...*

Ses freres qui soz Jhesu Crist
Li sont livré et concreü
Ne de lor ames le salu,
E qu'il ne soit plus ententis
510 Plus curios ne plus pensis
Des choses qui sont trespassables
Terrienes et dechevables,
Mès penst toz jors qu'il la cure a
Des ames dont raison rendra.
515 E ne quere pas achaison
De petite possession
Ne que de sustance ait petit;
Porpenst soi de ce que Dex dit :
« Primes querez en seinte iglise
520 « Le reigne Deu et sa justise,
« E vos pramet veraiement
« Toz biens aurez d'ajostement. »
Dex [lor] redist : « Riens n'est en terre
« A ceus qui lui criement a querre. »

525 Sache qu'il a pris voirement
Des ames le governement,
Avant s'apareut del deffendre
De raison el juise rendre.
Et com il plus saura nonbrer
530. Freres qu'il a a governer,   99 b
Sache por cert des ames totes
El jugement ou ert granz dotes
Rendra aconte sanz dotance
Et de la soe en ajostance.

527 Ms. sa pareut... *et præparet se.*

535 De l'enqueste ait toz tens poor
Qui est a venir del pastor,
De ses oelles, de sa cure,
S'il d'autrui raison s'aseüre,
Des suens fez ert plus curios,
540 Plus pensis et plus angoissos.
Et quant por son enseignement
Prendront li autre amendement,
Il meismes ert amendez
Et de ses vices esmundez.

545 *Que grand mesure es freres ait*
Quant il seront a conseil trait. CAP. III.

Quantconques en mostier avient
Que grant afares l'abe prient,
Tot le covent face assembler
550 Et l'afaire lor aut mostrer;
Lor consel oie et lor assens,
Puis traie o soi en son porpens
Et ce qu'il por meulz jugera
Ice face et bien sera.
555 Or vos dirai que ce espeaut
Que voil qu'al conseil toz apeaut,
Quer Dex mostre a menor sovent
Ice que il mieuz en sent,
Mais li freres al consellier
560 Se doivent si humilier
En trestote subjection

548 *Ms.* l'abe apent. — 558 il et i de *mieuz écrits au-dessus de
la ligne.*

Que n'i facent presumtion *99 c*
Por deffendre engressé[e]ment
Lor avis et lor escient.
565 Mais plus doit estre en l'abé
Et p(r)endre en sa volenté
Si qu'au suen plus sein jugement
Li soient tot obedient.
Mais com nos savons covenir
570 Deciples al mestre obeir,
Si recovient lui porgarder
Totes choses droit ordener.

De reule aient tot garentie
Et sevent en tot sa mestrie;
575 De li ne doit nul decliner
Se grant raison n'i set trover.
Ne nul en mostier ordené
Seve sa propre volenté,
Ne moeve engressement contenz
580 A son abé ne hors ne enz.
S'aucuns l'enprent, c'est la mechine
Sozgise a reule decepline.
Et li abes en quant qu'il fait
Poor de Deu o la reule ait,
585 Et sache tot veraiement
Que de chascun suen jugement
A Deu le tresdroit jugeor
Raison rendra al derrain jor.

Se menor afaire ensement
590 Sordent as profiz del covent,
Apeaut solement les ainznez,

3

Par lor conseil soit assenez,   *99. d*
Quer Salemons li sages dit,
Com nos lison en son escrit :
595 « Qui totes riens par conseil fait
    « Ne s'en repent après le fait. »

Ci porre₎ oir deviser
. Les instrumen₎ de bien ovrer.   CAP. IIII

Qui a bien faire veut entendre
600 Les instrumenz poez aprendre.
Primes vers Deu amor avoir
De tot coer, d'ame, a tot pooir.
Puis amer d'amor enterin,
Com soi, son prisme et son voisin.
605 E puis après nul home ocire,
Ne femme avoir en avoutire.
Riens covoitier de son voisin,
Ne de riens faire larrecin.
Ne faus testemoine porter,
610 A toz homes honor garder.
Nule chose faire a autrui
Qu'il ne voelle qu'en face à lui.
A sei meisme sei nagier,
Et Dameldeu seure et traitier.
615 Son cors se peint de chastier.
Delices n'ait cure embrachier.
Jeünes aint, povres recrit,

613 *Le g de* nagier *a été gratté, mais est nettement visible,* abnegare semetipsum sibi. — 614 i *de* traitier *exponctué.*

Le nu veste, l'emfer visit,
Al troblé secors face, al mort
620 Exeques, as dolenz confort.
Des faiz del mont soit aliens,
Ne mete avant l'amor Deu riens.
Ne doit par fait s'ire vengier,   *100 a*
Ne a son cors tens estoier.
625 Ne doit tenir boisdie el coer;
Fause pès doner a nul fuer.
Charité ne doit refuser,
Qu'il ne parjurt ne doit jurer.
De coer, de bouche voir parler,
630 Nul mal por mal guerredoner.
Enjure faire a nului,
Mès soffrir s'en la fet a lui.
A cels qu'il set ses enemis
Estre bien voillant et amis.
635 As maldisanz ne doit maldire,
Ainz doit encontre a els bien dire.
Persecution por droit soffrir,
Et ne se doit enorguellir.
Ne soit ivrognes ne vinos,
640 Molt mengierres ne somellos.
Ne soit a nul jor pereçous,
Ne ne soit onques gondrillos.
Ne soit derriere mesdisanz,
En Deu soit toz jors esperanz.
645 Quant en soi verra alcun bien,
A Deu l'atort, a soi de rien.
Quant mal fera, soi soul en ret,
Droit fera se sor soi le met.
Del jor del juise ait poor,
650 Del feu d'enfer espoentor ;

Vie desirer pardurable
O covoitise esperitable.
La mort doit chascun jor cremoir,
Devant ses eulz sospite avoir.   *100 b*

655 Sa vie ait et sa faisance
Chascune ore en remenbrance.
Por voir et por cert savoir doit
Que Dex en chascun leu le voit ;
Et s'il avient a la fiée

660 Que mal pensé en son coer chée,
A Crist le doit chaut pas hurter,
Al pere esperital mostrer.
Sa bouche recovient garder
De felenie et mal parler.

665 Ne doit mie estre mult langous,
Ne de molt parler angoissous.
Vaines paroles ne doit dire,
Ne ou ait achaison de rire.
Ne doit amer, c'en est l'estrosse,

670 Ne grant risée, ne escosse.
Lechon sainte oit volentiers,
En oroison soit soveniers.
Ses mals fez qui trespassé sont
O plorer et giendre parfont

675 Doit chascun jor a Deu mostrer
Et des maus desdonc amender.
Ne parface charnel desir ;
Son propre voloir doit haïr.
Obeisse a l'abé del tot

680 Et quant qu'il commande debot

---

669 *Ms.* cen est lestoire, *ce dernier mot a été biffé et* lestrosse *écrit à la suite, de la même main;* risum multum aut excussum non amare.

Entenst, s'il autrement fesoit,
Que Dex destort que ja ne soit;
Et penst de cel commandement
Que Dameldeu fait proprement :
685 « Fetes ice qu'il vos diront   *100 c*
« Ne fetes ice qu'il feront. »
N'ait soig qu'en die qu'il soit seinz
Fors quant il l'iert et nient einz,
Mès primes face qu'il le soit
690 Que l'en le puisse dire a droit.
Les Deu commanz que ne remagne
Chascun jor emplir par ovragne.
Verz nului soz ciel n'ait haïne,
Ne port envie en sa poitrine.
695 N'aimt pas estrif ne conteçon
Et fuie tote elation.
Entende a ainsnez honorer
Et le joenes en Deu amer, .
Et orer por ses enemis
700 Que Jhesu Crist li soit amis.
O cels qu'a lui sunt descordant
Pais faire ainz le soleil couchant
E onques de la Deu merci,
Ne desespoirt ne si ne si.

705 Es vos li estrument sunt tel
De la seinte art esperitel.
Se nos ces nuit et jor tenons
Et sanz cesser aemplissons,
Quant il erent desseelé
710 El jor del juise mostré,

692 *Le traducteur a omis ce précepte qui vient à la suite :* casti-
tatem amare.

Renduz nos sera cil loiers
Que Dex pramist a ses ovriers,
Que nul oil corporel ne vit,
Ne orelle charnel n'oït.
715 Ne en coer d'ome ne monta
Que Dameldeux aparella   *100 d*
Devant le finement del mont
A toz ceus qui ami li sont.
Les officines doit mostrer
720 Ou nos toz ce devon ovrer :
Ce sont li cloistre del mostier
Ou nos nos devon travellier
E estableté de pensée
Qui estre doit en assemblée.

725 *Des deciples porrez oïr*
Comment il deivent obeir.   [v]

Maint degré a d'umilité,
Icist est li premiers degré :
Obedience sanz demuere
730 Qui si fet tost que riens n'afuere.
A cels covient ceste maniére
Qui riens nen ont plus que Deu chiére,
Por le servise, ce m'est vis,
Qu'a Deu ont profès et pramis
735 Ou por poor d'enfernal peine
Ou por gloire ou vie lointaine.
Dès que l'un riens a tex enjoint,

720 *Ms.* Et nos... *ubi hæc omnia diligenter operemur.*

Fervor les haste tant et point
Plus ne demorent en fesant
740 Que se Dex meisme le commant,
De ces dist Dex dès qu'il l'oï :
« O l'oïe a moi obeï. »
Et a doutors redit un mot
« Icil qui ot vos et moi ot. »
745 Cist guerpissent tost quant qu'il ont,
Lor propre volenté deffont,
De mains getent quant qu'il teneient, *101 a*
Desfet lessent ce qu'il feseient,
Pié hastif o pié enclin
750 A obedience voisin
Sevent de boen cuer en faisant
Les paroles del commandant,
Et einsi comme en un moment
Quant il la voiz son mestre entent
755 Tant par a il le fet hasté,
En la poor qu'il a de Dé,
Qu'andui finent communement
Le fait et le commandement.
Tot cil qui aiment la aler
760 Ou vie doit sanz fin durer
Enprenent tant estroite voie
Dont nul qui la seut ne forsvoie,
Dont Dex redit qui ne ment mie :
« La voie estreite meine a vie »,
765 Que il ne voelent a nul fuer
Vivre al jugement de lor coer,
N'a lor delit, n'a lor leisir
Ne voelent de rien obeir,

743 *Ms.* Et de doucor... *et iterum dicit doctoribus...*

Mès vont par autrui jugement
770 Et par autrui commandement
La ou il sunt en abeïes
Por demener estroites vies,
Desirent qu'abes sor eus soit
Por eus tenir en ordre estreit.
775 Cil sanz dotance qui tex sunt
Selonc que la sentence font
Qui dit as Jeus mescreüz :
« Je ne sui pas el mont venuz   *101 b*
« Faire volenté qui soit moie,
780 « Mès la celui qui m'i envoie. »

Mès ceste grant obedience
Dont vos ci oez la sentence,
Est loiés a Deu aceptable
Et douce a home et delitable,
785 Quant l'en fet ice bonement
Dont il a le conmandement.
Ne soit tiedes ne non curos,
Ne soit tardis ne pooros.
Ne face rien en gondrillant,
790 Ne o respons de non voillant,
Quar, quant as greignors est donée,
Obedience a Deu agrée,
Quar il dit et d'els et de soi :
« Quiconques ot vos, il ot moi. »
795 Et boen corage doit mostrer
Deciple quant doit rïens doner,
Quar Dex al haitié doneor
Done sa grasce et s'amor.

793 *Ms.* et els et de soi.

Qar s'o mal coer obeira
800 Et o la bouche grouchera
Et non de bouche sol parlant,
Mais s'il va el coer gondrillant,
Ja Dex nel requeudra en gré,
Einz l'en saura tresbien mal gré,
805 Qui le coer voit del gondrillant
Qui pert trestot son gré par tant,
E aura del grochier torment
Se il n'en fet l'amendement.

Des moines dit ceste sentence   *1 0 1 c*
810 *Comment devront garder silence.*   VI

Fesmes ice que David dit
Que trovons el sautier escrit :
« J'ai dit, mes voies garderai
« Qu'en ma langue ne pecherai ;
815 « Humiliai mei et me fis mu,
« Et de bien dire m'ai teü. »
Ci veut li prophete mostre[r]
Que entemmes de bien parler,
Doit l'on a chief de foiz taisir
820 Por garder silence et tenir ;
Molt doit l'en donc de mal parler
Por peine de pechié cesser.
Por ce tot soit ce de bonté,
De justise et de seintéé,
825 As deciples qui sont parfit
Soit li parler si escondit
Que relment en aient licence

827 *Ms.* Que relment... *rara loquendi... licentia.* — 815 *Ms.* nu.

Por l'autorité de silence.
Qar escrit est : « En molt parler
830 « Ne porras pechié eschiver; »
Et allors dit en prophetie :
« Es mains de langue est mort et vie. »
Li mestres a droit del parler
Enseignier et amonester;
835 As deciples covient taisir,
L'enseignement le mestre oïr.
Porce quant il devra parler
Et a son prou riens demander,
Com(me) de sozgiet soit demandé
840 Et o trestote humilité.   *101 d*
Parole oisose ou envoisiée
Ou qui puisse movoir risée
Pardurablement forscloons,
A toz tans, en toz leus dampnons,
845 Et ne volon pas otroier
Tel parlement a nul cloistrier.

D'umilité ci nos reconte
De la vertu qui si haut munte.   VII

Oiez, chier frere, qu'est escrit
850 Et que Dex crie a nos et dit :
« Qui s'eshauce sera bessiez,
« Et qui se besse ert hauciez. »
Quant Dex le dit si faitement
Assez nos mostre apertement
855 Qu'eshaucement, quel que il soit,
Maniere d'orguel estre doit.

Et li prophetes veut mostrer
Qui de ce se voelent garder,
Quant dist : « Dex, mon coer ne hauchai,
860 « Ne mes eulz en haut ne levai.
« A granz choses ne trais, ne quis,
« Mervelles outre moi n'enpris.
« Més quei ? se je ne me baissai
« Ou se je m'ame essauchai,
865 « A m'ame fai en guerredon
« Tel com l'en fait a l'enfanchon
« Qui forsistiez est ainz qu'estuet,
« Qui sanz mere vivre ne puet. »

Se nos volons estre parfit
870 En ceste humilité qu'ai dit
Et parvenir hastivement   *102 a*
A cel del ciel eshaucement
Ou cil monte qui s'umilie
Tant dis com est en ceste vie,
875 Par nos fez nos covient monter
Et cele eschiele en haut lever
Qui ja a Jacob aparut
Iluec ou il en somne just
Et vit les angres descendant
880 Par li et de rechief montant;
Ne devons autre chose entendre
En cel monter n'en cel descendre
Fors en l'essauchier bessement
Et el bessier eshauchement.
885 L'eschiele est drechée amont,
Ce est nostre vie en cest mont
Que Dex a el ciel esdrecée
Par ce que de coer est bessiée.

De ceste eschiele les costez
890 Nostre ame et le cors entendez ;
Es costez sunt divers degré
Decepline d'umilité
Que Dex qui nos veut apeler
Mist enz por nos faire monter,
895 Et sunt douxe degrez par conte
D'umilité par ou l'en monte.

Li premiers degré d'umbleté
Est que l'en ait poor de Dé,
Qui soit devant ses eulz toz tens
900 Et ne l'oblit ja en nul sens
Et toz tans ait en son pensé
Tot ce que Dex a commandé,   *102 b*
Et comment cil qui despit l'ont
Trebuchent en enfer parfont,
905 Et que la pardurable vie
Qui as Deu cremanz est bastie
En son pensé toz tans receit,
Et guart soi, chascune ore soit,
Et de vices et de pechiez
910 De langue, d'ouz, de mains, de piez,
Et ensement de son pensé
Et de sa propre volenté,
Et des charneus desirs oster
A la char tolir et couper.
915 Et quit que Dex del ciel regart
Soi et ses fez et tost et tart
Toz tans et par tot oelment
De son devin esgardement,

896 *Ms.* parout. — 897 *Ms.* dumilite.

Et que li angre a Deu nuncient
920 Quant que li home font et dient.
Et que Dez soit toz jors presenz
Es pensez de nos coers dedenz
Mostre li prophete disant :
« Dex est et coers et reins cerchanz. »
925 Et derechief allors trovez :
« Dex set des homes les pensez. »
Encor redit : « Ce que je pens,
« As tu entendu de loign tens. »
Et plus ce : « Hom pensera,
930 « Son pensé te regehira. »
Quer cil qui va son pro querant
Que curios soit et vallant
Et penst de sa porverseté   *102 c*
Dire sovent en son pensé :
935 « Dont serai je ne[t] devant Dé
« Se me gart de m'iniquité. »
Et le nostre propre voloir
Nos vée fere et aveir
La letre qui dit, ce savez :
940 « Destorne de tes volentez. »
Nos reproions Deu en orant
Que en nos face son greant,
Et donc apernon nos por voir
Que ne façon nostre voleir,
945 Quant nos d'eschiver prenon cure,
Ice que dit seinte Escriture :
« Voies sunt qu'en cuide estre droites
« Et larges sunt et non estroites
« Qui a tel fin tendent et vont

936 *Ms.* me iniquite.

950 « Qu'en enfer plungent el parfunt »
Et quant reschivons ce qu'est dit
De cels qui bien ont en despit :
« Corrumpu sunt et refusable
« En lor voloirs qui sont dampnable. »
955 Et quant al cors riens desirrons,
Que Dex nos soit près ce creons :
« Sire Dex » dist David de soi,
« Mon desir est tot devant toi. »
Et por quei nos devons fuir
960 Et mal delit et mal desir,
Volons oïr raison provée :
La mort est mise lez l'entrée
Dont li escriz fait ses devises :
« Ne seuve pas tes coveitises. » *102 d*
965 Et quant li oil Deu tot espient
Que boen et mal et font et dient
Et regarde del ciel amont
Les homes qui en terre sont,
Por voir si est que il entende,
970 Qu'il Deu requere et vers lui tende,
Et sunt li angres assignez
A nos guaitier por les malfez,
Nos faiz de nuit, nos faiz de jor
Renonce[nt] a Deu nostre Seignor ;
975 Donc nos covient, frere, guetier
Si com David dist el sautier,
Que Dex ne voie en aucune hore,
Qui oil en toz leus nos sont sore,
Que nos as maufez declinons
980 Et que a nul preu ne traions,

964 *Ms.* Teus coveitises... *post concupiscentias tuas non eas.*

Et en cest tans deporte nos
Por ce que il est tant pitos
Et nos atent par son plesir
Por nos fere an melz convertir,
985   Gardon qu'après n'oons de lui :
« Ces maus feïs, et je me tui. »

Li secunz degrez d'umbleté
Est que l'om n'ai[n]t sa volenté
Ne son voloir ne son desir
990   Ne son delit pas aemplir,
Mès par faiz seve cele voiz
Que cil dist qui fu mis en croiz :
« Ne ving faire volenté moie
.« Mès la celui qui ça m'envoie. »
995   Derechief dit en escriture,   *103 a*
Entendez i, sin pernez cure :
« Volenté peine a nos done,
« Et estovoir desert corone. »

Li tiers degré est d'umbleté,
1000 C'est que li hom, por amor Dé,
Obedience et honor
Com sogez port a son greignor,
Et Deu seve dont seint Polz dist
Que desqu'a la mort obeist.

1005 Li quarz degré est, ce m'est vis,
Quant obedience a apris,

---

988 *Ms.* Et que l'om n'ait... *si propriam quis non amans volun-*
tatem. — 1002 *Ms.* seignor *barré*, greignor *écrit à la suite*, *omni*
obedentia se subdat majori.

Se l'om li fet donc choses dures
Ou contraires ou granz enjures,
Et il les soefre en pacience
1010 Et en taisible coscience,
Ne il n'en groche, ainz se test,
Ne en retaire ne s'iraist,
Ne por ce ne quert departir,
Einz veut, com seint Pols dit, soffrir :
1015 « Cil qui en bien pardurera
« Desqu'en la fin, cil sauf sera; »
Et David : « Ton coer ait confort
« Et suefre por Deu peine et mort. »
Et quant il mostre que soffrir
1020 Deivent feel et sostenir
Por Deu contraires et mals granz,
Dit soz persones des soffranz :
« Sire, nos somes por t'amor
« A mort tormenté chascun jor;
1025 « Ensement font de nos lor quit
« Com de berbiz que l'en ocit.
Mès quant il ont en Deu espoir *103 b*
Et seür sont de rente avoir
Et en ce sont lié et joiant
1030 De la grant joie vont disant :
« Mais tot ce auron sormonté
« Por celui qui nos a amé ».
Et allors dit, c'avons trové :
« Sire Dex, tu nos as prové
1035 « En feu essaié ensement
« Com orfevre fait son argent.

1012 *Ms.* Ne en retaire... en *et* i *de* retaire *exponctués,* i *écrit au-dessus de* retaire *entre* r *et* e. — 1032 *Ms.* Par celui, ar *exponctué,* or *écrit au-dessus.*

« En liens nos as fet lier,
« Nos dos par batre depechier. »
Emprès si dit et veut mostrer
1040 Que soz prior devon ester :
    « Homes avez mis sor nos chiés
    « Qui sor nos metent jous mult griés. »
Nis cil qui Dex commandement
En contraires et en torment
1045 Par pacience ont enbracié
Que n'en poeent estre sachié,
Qui tornent la messele destre
Quant feru sunt en la senestre ;
Et cil qui celui enmantele
1050 Qui ravi li a sa gonele,
Et qui dous leues vont de gré
Quant il ont une a force alé,
O l'apostre seint Pol se tienent,
Les faus freres o lui sostienent,
1055 Et a iceuls qui d'els maudient
Benesquissent et por eus prient.

Li quint est d'umbleté degrez
Quant hom trestoz ses mals pensez
Ou ses pechiez a cele foiz,   *103 c*
1060 Nis les orribles et les leiz,
Par confesse d'umilité
 Ne ceile pas a son abé.
De ce nos va amonestant
Davi qu'en traion a garant :
1065 « Demostre a Damledeu ta voie
    « E[s]poire en lui, » et puis desploie :

1046 *Ms.* poennt. — 1066 *Ms.* Epoire.

« A Deu soiez reconoissant
« Qui a en soi bonté si grant
« Que sa merci ne set finer
1070 « Tant com li siecles puet durer. »
E el secunt seaume est escrit,
Que proprement por pechié dit :
« Sire, mon mesfait racoíntai
« Et mes torz a toi ne celai.
1075 « Contre moi mosterrai, ce dis,
« A Damledeu mes torz que fis;
« Et puis que j'oi ce dit, chaut pas
« Ma felonie relessas. »

Li siste degré d'umbleté
1080 Que de quantqu'est en grant vilté
De quanqu'est por mauvès jugié
Se tiengne moine a bien paié,
Et a quantqu'en li veut chargier
Se tiengne por mauvès ovrier
1085 Et por non digne de ce faire
Que ce puisse o Davi retraire
Et dire : « A nient mené fui,
« Desqu'a ore ne m'aperçui;
« Endroit toi jument resemblai
1090 « Et je toz tans o toi serai.

Li semes degré d'umbleté   *103 d*
Sei meisme avoir plus en vilté
Et plus bas de toz ceus qu'il voit
Et die bien que einsi soit;
1095 Del coer et d'entering affit

1069 *Ms.* r *écrit à la suite de* que *et au-dessus de la ligne. —*
1077 *Ms.* claut.

Le croie et si s'umilit,
Et die o Davi haut et bas :
« Je sui verms et hom ne sui pas;
« Des homes sui reprochement,
1100   « De vil pople dejetement;
« J'estoie ja mult eshaucié
« Or resui molt humilié,
« Or sui mult troble et mult confus,
« Del tot sui torné a reüs. »
1105   E puis : « Boen m'est et sui haitiez
« Que par toi sui humiliez,
« Que je puisse dès ore aprendre
« Tes commandemenz et entendre. »

Li oimes degré d'umleté
1110   Quant li moines a en pensé
Que riens f(r)ere ne veut ne quiert
Fors que a son ordre affiert,
Ne il ne veut por riens changier
La reule del commun mostier
1115   Et a ce tire et trait toz jors
Qu'il ait essample de graignors.

Li noemes degré d'umleté
Quant li moine n'a volenté
Que il ja a parler entende,
1120   Mès sa lange si en deffende
Que toz jors taise dusqu'a tant
Qu'en aucune rien li demant,
Car escrit est : « Em mult parler   *104 a*
« Ne porras pechié eschiver. »

1119 *Ms.* Que il a ja a parler nentende, a *et* n *exponctués.*

1125 Et : « Langos qui mult parler quiert
 « Jamès sus terre adrecié n'iert. »

 Li dismes est, com je entent,
 Qu'en ne rie legierement
 Et qu'il n'ait mie le ris prest
1130 Nis quant matere de rire est,
 Quer escrit est : « Fols en riant
 « Sa parole va enhauchant. »

 Tex est li onzesme degré
 Que home de parler enformé
1135 Parout soef et belement
 Sanz ris, o gritté, humblement;
 En ses paroles ait raison
 Et ne parout se petit non,
 Ne ne soit en sa voiz crios,
1140 Ne en estrif ne soit verbos.
 Escrit est : « Sages, non li foz,
 « Dit sa besogne a pou de moz. »

 Li dozesmes est qu'enz et hors
 Et en son coer et en son cors
1145 Moine ait toz tans humilité
 Qu'a cels quil voient soit mostré,
 Ce est el leu ou doit ovrer,
 En oratoire ou doit orer,
 En voie, en cortil, en mostier,
1150 En pré, en champ ou en vergier.
 Et en quel leu qu'il onques soit

1136 *Ms.* sans gritte, *cum gravitate.* — 1141 *Ms.* Escit, r *écrit au-dessus.* — 1149 *Ms.* moster, i *écrit au-dessus,*

La ou il soit, ou il estoit,
Toz tans ait encliné le chief,
Por Deu soffrir ne li soit grief.
1155   Les eulz ait en terre fichiez ;   *104 b*
Honte ait toz tans de ses pechiez
Et cuit soi ja estre present
A Deu el dotous jugement,
Et dire el coer ne soit ahans
1160   Ce que dist ja li publicans
Quant ses eulz en terre ficha
Et en ces moz a Deu ora :
« Dex, ne sui digne, je pechierre,
« De lever vers le ciel ma chiére »
1165   Et o Davi : « Sire, enclinez
« Del tot en tot sui encombrés. »

Quant li moines aura monté
Toz ces degrez d'umilité
Donc n'i a mès que demorer
1170   A parateindre et paraler
A la charité Deu parfite
O qui poòrs ne maint, n'abite,
Ne poet o lui avoir rechet,
Qu'amors parfite fors l'en met ;
1175   Et quant que il gardoit devant
Par force et par traval grant,
Tendra desdonc legierement
Par costume tot ensement
Com de nature li venist
1180   Qui a ce faire le meïst,
Et non mais par nule poor
Qu'il ait de l'enfernal dolor,
Mais por amor de Jhesu Crist

Qui la poor hors de lui mist,
1185 Et par le boen us qui li plaist
Qui son espir refet et paist,
Et par le delit des vertuz   *1 o 4 c*
Dont son espirt est embeuz
Que Dex deignera demostrer
1190 Par seint Espirt en son ovrer,
Quant par lui sera esvoicz
De ses vices et de pechiez.

Ci nos devise et nos estruit
Del Deu servise de la nuit   VIII

1195 L'iver des kalendes novembre
La feste toz seinz, ce me semble,
Desqu'a la resurrection,
Selonc l'esgart et la reson,
Leveront l'oime ore de (la) nuit,
1200 Ou la char plaise ou ennuit,
Que demi dorment auques plus,
Lors sunt digest et lievent sus.
Ce qui remaint après les velles
Des freres qui sunt Deu oelles
1205 Cil qui veut entende al sautier
Se il a de ce nul mestier,
Qui veut entende a lechon,
Qui veut a meditation.
Puis des Pasques desqu'a Novembre
1210 La kalende dont bien nos menbre,
Soit l'ores si amesurée
Des velles fere et atemprée

Que entre dous petit espace,
Bien l'entende chascuns et sache,
1215 Que li freres a necessaire
Istrunt por lor nature faire,
Tot après soient commencées
Les matines as ainzjornées.

De la nocturnal salmodie   *1 0 4 d*
1220 *Del yver ci nos senefie.*   IX.

En yver el commencement
Des matines premierement
Direz lę vers que nos dison :
Deus in adjutorium,
1225 Et o le vers tot autresi
Ajondrez *Gloria Patri,*
Et trois foiz : *Domine,* après
Labia mea aperies,
En fiée el coer de ça
1230 Et tantes foiz el coer de la.
Adonc le tierz seaume Davi
Direz et *Gloria patri,*
Après en erre et non tart
Le seaume nonantisme quart
1235 O l'antiene certeinement
Et en chantant devotement;
Et donc après l'ansbrosien
Ymne, que vos savez mult bien,
Puis o antienes seaumes sis
1240 Si com vos les avez apris.
Quant ce aurez si acompli

Li vers ne soit pas en obli.
Li abes doinst beneichon
A cil qui lira la lechon.
1245 Trestuit en lor formes seront;
Li frere en fiée liront
Desus le letrum trois leçons,
Chascune ait o vers son respons ;
Puis la tierce qui vers dira
1250 *Gloria* après chantera,
Et ainz que il ait commencié   *105 a*
Chascun se liet tost de son sié,
Reverence et honor faisant,
A sainte Trinité orant.
1255 Li frere les leçons liront
As vegiles se il les ont
Es livres del viez testament,
Et en cels del noef ensement
Et en ceus des expositors,
1260 Des tresnomez feeus doctors,
Des peres qui les escritures
Esponent la ou sunt oscures.
Puisqu'auront leü trois leçons
Et auront chanté trois respons,
1265 Sis seaumes autres rediront,
O alleluies chanteront.
Apres ce lise un la leçon
L'apostre o grant devotion
Et vers et supplication
1270 Letanie, c'est *kirieleyson*,

1245 seront *est ici le futur de* scoir ; *texte latin : et sedentibus
omnibus in scamnis...* — 1247 *Le traducteur a omis ces mots :
Duo responsoria sine Gloria dicantur.*

Et eissi seient a fin deduit
Les velles de la froide nuit.

Comment par nuit el tans d'esté
Soit faite la loenge Dé.　　　　　x

1275　Dès la Pasque el tans tempré
　　　Desi qu'a novembre nombré,
　　　Tenue soit, com dis devant,
　　　La salmodie et autretant,
　　　Fors ques leçons soient lessées
1280　Por les nuiz qui sont abregées.
　　　Por trois une menbréement
　　　Soit dite del viez testament;
　　　Un brief respons après direz　　　*105 b*
　　　Tot l'el comme dit est paremplez,
1285　Que de doze seaumes toz jors
　　　Au meins la nuit tengiez le cors;
　　　Et si ne direz ja plus tard
　　　Le tierz nel nonantisme quart.

Del diemenche nuit vellier
1290　*Et comment l'en doit travellier.*　　　xi

　　　Al diemenche quant vendra
　　　As velles lever estovra
　　　Plus temprement et la maniére
　　　Tenir qu'avons dit la arriére,
1295　Einsi que quant seront chanté
　　　Sis seaumes o le vers finé,

Trestoz en ordre s'aserront
Es sieges comme ordené sunt,
Et lira l'un quatre leçons
1300 Et chantera quatre respons,
Fors tant que le chantre dira
Après le quart vers *Gloria.*
Endementres qu'il le commence
Tuit leveront o reverence.
1305 Quant cestes leçons fineront
Sis seaumes en ordre sevront
Tot einsi com li premerein
O antiene [et] vers al derrain.
Quant ces seaumes finé auront
1310 Autres quatre leçons liront
O lor respons en mesme l'us
Que je vos ai dit la desus.
Après celes diront maneis
Des prophetes cantiques treis,
1315 Tex com l'abes ordenera ;   *105 c*
Sil diront ou *alleluia ;*
Et puis le vers dit et finé
O la beneïchon l'abé,
Quatre leçons tot ensement
1320 Liront del novel testament.
Puis après le quart responsoire,
Après le vers, après la gloire,
Commenst li abes en Deu non
L'ymne que l'en dit *Te Deum ;*
1325 Puis lise il meisme o honor
O reverence et o poor
De l'evangile la lechon ;

1316 *Ms.* ou, *quæ cantica cum alleluia psallentur.*

Tuit soient en estacion.
Quant la leçon aura pris fin,
1330 *Amen* respondent tuit enclin,
Et puis que n'i soit entrevals
Commenst l'abes *Te decet laus.*
Quant l'oreison dite sera
Laudes matins conmencera.

1335 Cest ordre que vos ci oez
Des velles dimancheus gardez,
Et tenez toz tens oelment
Esté et yver ensement;
Se si n'avient, que Dex destort,
1340 Que l'en a lever trop demort,
Donc estuet par tant commencier
Lechons ou respons abregier.
Por tant covient que l'on s'en gart
Que n'aviegne qu'on liet trop tard.
1345 Mès quant il eissi avendra
En l'oratoire amendera
Li copables sa negligence   *105 d*
Vers Deu o digne penitence.

De toɜ diemenches ci devise
1350 *Des matins laudes le servise.*   XII

Diemeine as matines primeś,
Le seaume sixte sexantismes

1340 *Ms.* trop destort, *ce dernier mot barré à l'encre rouge,*
demort *écrit à la suite.* — 1352 *Ms.* Le seaume prime, *faute du
copiste, comme le prouve le v.* 1370 *et le texte latin :* dicatur se-
xagesimus sextus psalmus.

Soit versellié tot droit avant
Et sanz antiene et sanz chant.
1355 Le cinquantisme qui seurra
Serà dit o *alleluia*,
Puis le dissetiesme centiesme,
Après le s[e]cont seissantiesme,
Puis les beneiçons Zacharie
1360 Et Misaël et Ananie,
Puis les laudes, puis les leçons
D'Apocalipse et li respons,
Le vers après l'ambrosien,
Le cantique Zacharien,
1365 Puis al derrain la letanie.
Si soit atant l'ore acomplie.

Des matines a sor semaine
Qui mult sunt divers del dimeine.   XIII

De matines as jors privés
1370 Tel sera la sollempnitez :
Le seaume siste sexantismes
Iert dit com diemeine primes,
Sanz antiene, un poi soztraiant,
Que toz puissent venir corant
1375 Al cinquantiesme qu'en dira
O antiene et chantera.
Puis dous autres seaumes diront,
Selonc ce qu'encostumé l'ont :
C'est le quint seaume al lunsdi   *106 a*
1380 Le trentiesme quint autresi ;

1357 Et puis. — 1378 *Ms.* qn *(tilde sur* n) costume.

Marsdi le secunt quarantiesme,
O lui le siste cinquantiesme ;
Le mecresdi prent à sa part
Le sexantisme tierz et quart ;
1385 L'oitantiesme setme au joesdi
L'oitantiesme noeme a soi pris ;
Vendresdi le quint sexantisme
Et le primerein nonantisme ;
Le samedi a son oes prent
1390 Le s[e]cunt, puis quarante et cent
O le cantique Moysi
En dobles gloires departi ;
Quar en chascun des autres jors,
Selonc nostre ordre et nostre cors,
1395 Est droit et raison que l'en die
Son cantique de prophetie,
En la maniere et en la guise
Qu'en tient en la romaine iglise ;
Et puis les laudes, puis après
1400 Del apostre sanz entrelès
Par coer soit dite une lechons,
Après la leçon le respons,
L'ymne que seint Ambroise fist,
Le vers après qui i agist,
1405 Puis le cantique Zacharie ;
Tot acomplist la letanie.
Mès l'en s'estuet de ce garder
Qu'onques ne lest on trespasser
Matines ne vespres nul jor;
1410 Que l'oroison nostre Seignor
Ne die a toz communement   *106 b*

1400 *Ms.* seint entreles. — 1408 *Ms.* que einques.

Li priors al definement
Por espines d'offendement
Qui poignent et sordent sovent,
1415 Que icil qui en covent sunt
Par la pramesse que il ont
S'espurgent de cel vice et nient
Quant ice en l'oreson dient :
« Lesse a nos ice que devons
1420, « Com nos a nos detors laissons. »
Es autres ores que dirons
Les derraains moz en hauz tons
Que a toz respons quemunaus
Sed libera nos de toẕ maus.

1425 *As festes des seinẕ ci trovons*
Comment par nuit servir devons.   XIIII

As festes des seinz qu'enorez
Ou en totes sollempnitez,
Ferez trestot en la maniére
1430 Que dis del diemeine arriére,
Cum del dimeine avons descrit,
Einsi ferez sanz contredit,
Fors tant que nos defors metons
Seaumes, antienes et respons,
1435 Les propres a cel jor direz,
Et l'us devant escrit tendrez.

1412 *Ce vers omis d'abord par le copiste a été écrit à la suite du précédent.* — 1418 *Ms.* en lor reson, r *de* reson *exponctué,* i *écrit au-dessus ;* per ipsius orationis sponsionem.

En cest chapitre veut descrire
Quant l'en deit alleluia *dire.*   xv

Des Pasques desqu'a Pentecoste,
1440 Direz el seint tans qui meins coste
Alleluia sanz entrelès
En seaumes, en respons adès.
Des Pentecoste[s] en avant
Tresqu'a quaresme commençant

. . . .

1445 *Comment par jor el Deu servise*   *106 c*
. *L'en doit ovrer ci nos devise.*   xvi

David dist a Deu sanz losenge :
« Set foiz el jor te dis loenge. »
Cist seteniers numbre sacré
1450 De nos sera si consummé
Se nos en l'ore matinel
Et prime et tierce autretel,
Midi et none et la vesprée
Et la complie consummée,

1444 *Ce vers a été écrit au bas de la page à la suite du v.*
1443 et sur la même ligne. La traduction offre ensuite une lacune.
Voici le texte latin : A Pentecoste autem usque ad caput Quadra-
gesimæ, omnibus noctibus cum sex posterioribus psalmis tantum ad
nocturnos dicatur. Omni vero Dominica extra Quadregesimam
cantica, Matutini, Prima, Tertia, Sexta Nonaque cum alleluia
dicantur : Vespera vero, cum antiphona : responsoria vero nun-
quám dicantur cum alleluia, *nisi a Pascha usque ad Pentecosten.*

1455 Rendons à Deu en seinte iglise
Les mestiers de nostre servise,
Car de ces ores, bien sachoiz,
Dist li prophetes les set foiz,
Qar des velles nocturnex fere
1460 Davi meisme ne se vout tere :
« En mienuit sol je lever,
« Beaus sire Dex, a toi loer. »
Et ore est tans : soion entor
De loer nostre criator
1465 De ses flaeaus, de son juise
Dont ses fils chastie et justise,
Main, a prime, a tierce, a midi,
A none et quant ert avespri,
A complie por consummer,
1470 La nuit a loer lui lever.

Des seaumes as ores del jor
Le nombre aprenez ci entor   XVII

L'ordre des seaumes nuiternex
Avon dit et des matinex.
1475 Veoir devon dès ore mès
Des hores qui sevent après.
A prime hore generalment   *106 d*
Trois seaumes diez senglement,
Et non soz une sole gloire.
1480 Et ce aiez bien en memoire
Qu'après le vers qu'user solon

1472 *Ms. p barré.*

Deus in adjutorium,
Et après *Gloria patri,*
Quer chescune commence einsi,
1485 Les seaumes einz ne conmenciez
Que l'ymne de l'ore diez.
Quant la salmodie ert finée
Une lechon soit recitée,
Le vers *kyrieleison* après;
1490 Prime ert finée, n'i a mès.

De tierce, de midi, de none
Reson meesme l'ordre done :
Ce est le vers trestot avant
Et l'ymne des ores sevant,
1495 Puis trois seaumes, puis la leçon,
Le vers et *kyrieleison.*
Tot einsi soient celebrées
Si conmencées et finées.
Se covent avés auques grant,
1500 O antiene direz chantant;
Se vostre covent petit soit,
Tot sanz chant verselliez en droit.

Li us del servise vesprin
En quatre seaumes prendra fin.
1505 Après les seaumes la leçons
Iert recitée et li respons,
Et l'imne ambrosien direz
Et le vers que propre saurez,
La cantique seinte Marie,   *107 a*
1510 Et donc après la letanie,
Et puis l'oreison que Dex fist;
Einsi va l'ore, einsi fenist.

Et que dirai de la complie ?
De trois seaumes sera fornie,
1515   Et ces seaumes d[i]rez en dreit
Que antiene ne chant n'i seit,
Et puis l'ymne a l'ore assignée,
Une leçon, le vers usée;
Puis direz *kirieleyson*
1520   Et après la beneiçon
A tant pès *Deo gratias.*
Tex soit des hores li compas.

Le cors des seaumes ci descrit
Et par quel ordre il soient dit.   XVIII

1525   As hores des jors principaus
Toz tans soit dit li vers corsaus
Deus in adjutorium,
Par qui l'aïde Deu queron,
Et quant aurez dit *Festina*
1530   Et n'entredirez *Gloria.*
Et puis l'ymne dire covient
Que a chascune ore apartient,
Al diemenche, a hore prime
Del seaume cent oime diesisme.
1535   Quatre chapitres toz divers
Direz dont chascun tient oit verz.
As autres hores que Dex done,
A tierce, a midi et a none,
Tresel chapitre soient dit

1534 *Ms.* centiesme oime diesisme.

1540   Des seaumes qu'ai devant descrit.
      Et a la prime del lunsdi   *107 b*
      Direz les trois seaumes 'Davi,
      Le premerein, l'autre et le siste
      Qui propre est a repentant triste ;
1545   Et puis chascun jor autretant
      Tresque al diemenche avant
      Que soient dit sans contre apel
      Tot par ordre seaume tresel,
      Desqu'al seaume noeme et disisme,
1550   Si qu'enclorrez celui meisme.
      Porquant vos le direz einsi
      Que le noeme seaume par mi
      Et le disiesme partirez
      Et o double gloire direz.
1555   Qu'as velles dimencheus toz jors
      Del vintiesme commenst le cors.

      As hores tierce et miedi
      Et a la none del lunsdi
      Noef chapitres qui remés sunt
1560   Del seaume que dis la amont
      Del disoime après cent, le di,
      Par tresel soient departi ;
      A chascune hore dites trois

1545 Sans contre apel, *sans qu'il soit nécessaire de les désigner par leur numéro d'ordre puis qu'ils sont toujours pris à la suite.* — 1553 *Ms.* El diesiesme le... *ita sane ut nonus psalmus et septimus decimus dividantur in binas Glorias.* — 1556 *Ms.* com est le cors, *et sic fiat ut ad vigilias dominica semper a vicesimo incipiatur.* — 1558 *Ms.* Et a la lune... *nonam secundæ feriæ.* — 1561 *Ms.* Del disoitiesme.

Que meins n'i ait ne point de creis.
1565 Quant cest seaume aurez pardit si
Es dous jors dimenche et lunsdi,
La tierce fere, c'est marsdy,
A tierce, a none et a midi,
Dès la dis(e)noviesme centiesme
1570 Desqu'après cent setme vintisme
Tresel seaumes direz par conte ;
Qui conter set desqu'a noef monte.
Ces seaumes ne devez lessier   *107 c*
Devant dimeine ne changier,
1575 Mès dire as hores de raiz
Par boche et par coer despiz ;
Les ymnes, les leçons, les vers,
Ne soit nuls d'ordener porvers.
Mès une forme, un us tenez,
1580 Et toz jors un ordre gardez
Si qu'a diemeine sanz falle
Des hores soit la commençalle
Del seaume qui est oitme disiesme
Après celui qui est centiesme.

1585 As vespres soit toz jors lor us,
Quatre seaumes ne meins ne plus.
Ces seaume(s) ont lor commencement
Des noviesme seaume après cent
Et durent desqu[e]au centiesme
1590 Et dusqu'au setme quarantiesme,
Mès ice devez hors eslire
Qu'en seult les jors as hores dire,

1583 *Ms.* oitisime disiesme. — 1589-1590 *C'est-à-dire le cent quarante-septième.*

Ce est dès le disme centiesme,
Tresqu'après cent setme vintiesme
1595   Et après cent le tierz trentiesme,
Après trente et cent le doziesme.
De ces trestoz le remanant
Et vespres die l'on et chant.
Et por ce que meins a el conte
1600   De trois seaumes que n'i amunte,
Del nombre sunt en dous parti
Les trois seaumes plus forz par mi :
C'est après cent oitme trentiesme
Et après cent tierz quarantiesme,
1605   Et cil qui après le centiesme   *107 d*
Porrez trover quart quarantiesme.
Li seziesme seaume enprès cent
Porce que petit est forment
Joigniez al seaume qu'est quinziesme
1610   Après celui qui est centiesme.
Del ordre des seaumes vesprin
Dit vos avon quele est la fin ;
Les autres choses, ce loons,
Cantiques, vers, ymnes, respons,
1615   Si com l'avon dit la desus,
Soient formé en mesme l'us.
A complie erent chascun di
Li mesme seaume repeï,
Li seaume quart et nonantisme
1620   Et après cent le tierz trentisme.

1595 *Ms.* tiere. — 1598 *Ms.* apres, a *exponctué*, ves *écrit au-dessus.* — 1603 *Ms.* cent oitiesme trentiesme. — 1614 *Ms. le copiste avait d'abord écrit* leçons *qu'il a exponctué pour écrire à la suite le sigle de* respons. — 1618 *Ms.* Tui mesme seaume... *ad completorium vero iidem psalmi...* — 1619 *Ms.* quart, r *écrit au-dessus de la ligne.*

La reule est ore definée
De nostre jornal salmodée.
Toz les seaumes qui sont remis
De ceus que nos avon asis
1625 Oelment soient departi
As velles des set nuiz sorti,
Einsi que ceus impartirons
Que nos entre eus trovons plus lons ;
Si afferront al mien avis
1630 A chascune nuit dous foiz sis.
C'amoneston nos mesmement
Que se aucuns est en covent
A cui desplaise la devise
Des seaumes fete en ceste guise,
1635 Si face autrement ordener
Se il a meulz set assener,
Mès qu'il entende et mete peine   *108 a*
Que voil qu'a chascune semaine
Soit verselliez tot le sautiers
1640 Des seaumes cent cinquente entiers,
Et al dimaine de raiz
As vellés de chief repeiz,
Quar trop se mostre pereços
Li moine et trop nonchalos,
1645 Et poi se peinent de servir
Devotement al mien avir
Qui meins enprenent d'un sautier
En la semaine a versellier,
Et les cantiques ensement
1650 Qu'en use acostuméement,

1628 *Ms.* Que nos entrx (e *écrit au-dessus de* rx) no nos plus
lons, *partiendo scilicet qui inter eos prolixiores sunt psalmi.* —
1637 *Ms.* Me quil.

Quant de nos seinz peres trovons
Es escritures que lisons
Que en un jor penousement
Emplirent ce enteringement,
1655 Que nos donc en une semaine
Rendre puisson a quelque peine.

Ci va mostrant par loi devine
De versellier la decepline.   XIX .

Deu creons present estre et prest
1660 En chascun leu qu'il onques est,
Et que li oiel Deu testot voient
Et boen et mal ou que il soient ;
Mès mesmement donc nos avise
Quant entendon al Deu servise.
1665 Por ce ne metons en obli
Les diz del prophete Davi :
« En poor Damledeu servez, »
Et puis : « Sagement le loez »
Et puis : « Ti angre verront moi   *108 b*
1670 « Quant versellerai, sire, a toi. »
Ore esgardons com faitement
Nos covient estre en present
En l'esguart Deu qui maint amont
Et les angeles qui o lui sont.
1675 Estrivons si a lui loer
Que coer puisse à voiz acorder.

Si mostre essample et grant raison
De reverence d'oreison.   xx

Quant à humaines poestez
1680   Amonestons nos volentez,
O redoutance et humblement
Le femes et non autrement.
Mult plus a Deu nostre Seignor
De totes choses criator
1685   Soploier en humilité
Devons et o coers de purté,
Car entendre et savoir devons
Qu'en mult paroles d'oreisons
Ne serons de Deu escouté,
1690   Mais en pur coer, en net pensé
Et en humble devotion,
En lermes, en compunction.
Et por ce doit l'en prendre cure
Que l'oreison soit brieve et pure,
1695   Se si n'avient que l'on l'estende
Et que l'on sache et entende
Par boen affit, par boen talent
De Deu grace et d'espirement.
Por quant oreison en covent
1700   En toz tans soit dite briefment
Quant del prior le signe orront   *108 c*
Ensemble toz se dreceront.

1678 *Ms.* Et de reverence... — 1688 *Ms.* Que mult. — 1689
Ms. Ne deservons, de *et* v *exponctués.* — 1700 *Ms.* Et toz tans.

Des deiens dit et des priors
Qu'eslit soient de bones mors.   XXI

1705 S'en un covent soient mult moines,
Des freres de boens testemoines,
De seinte conversation
Soient esleü par raison
Qui soient establi doien,
1710 Qui cure et garde prengnent bien
Des choses de leur deienie
Qu'il ont receü en ballie,
Et tot selonc les mandez Dé
Et les commenz de lor abé.
1715 Li deien soient tel eslit
Es quex li abes bien se fit
Qu'a eus puisse seür partir
Ses fez et quis puisse soffrir.
Et d'une chose vos gardez
1720 Que par ordre nes eslisez,
Quar il covient faire eslite
Selonc la vie et la merite
Et la doutrine et le savoir
Que li doien doivent avoir.
1725 Mais s'aucuns d'eus ait coer levé
Et par aucun orguel enflé,
Et soit trové de riens copable
Et por la cope reprenable,
Quant chastié iert une foiz
1730 Et autre et tierce, ce est droiz,
S'amender ne veut son trespas,
De lui soit fet si haut, si bas,
Et autres en son leu soraut   *108 d*

Qui dignes est et a ce vaut.
1735 Si posun ceste mesme loi
De prior meesme endroit soi.

En cest chapitre nos espont
Comment li frere dormiront. XXII

Chascun frere dorme par soi
1740 Et son lit ait et son arrei.
Chascun receive sa litiére
Selonc sa guise et sa maniére,
Selonc sa conversation,
Par l'abé disposition,
1745 Et se a nul fuer estre puet
En un leu toz dormir estuet.
Mès s'il i a covent si grant
Qu'estre ne puisse tant ne quant,
Donc se reposent par dozeines
1750 Ou s'il poet estre par quinzeines
O les ainznés qui sont assis
Por euls garder et sus els mis.

Chandoile ait tozjors en dortor
Qui arde desqu'al main al jor.
1755 Ne dorment sanz lor vesteüres,
De cordes ceinz ou de ceintures.
Quant dorment, couteaus as liz n'aient,
Que il en dormant ne se plaient,
Et soient toz dis apresté,

1749-1750 par dozeines ou... par quinzeines, *deni aut viceni.*

1760 Quant l'en aura le seint soné,
De lever tost sus sanz demore,
Et hastent entrer soi à l'ore.
Venir doivent a l'ovre Dé
Porquant o mesure et griefté.
1765 Li frere qui jovencel sunt   *109. a*
Lor couches près a près n'auront;
Ainz aient les liz si posez
Que meslez soient as einznez.
Et quant leveront al servise,
1770 Por Deu loer en lor iglise,
L'uns a l'autre trempréement
De lever face enortement
Por les somellos qu'achaison
N'aient ne escusation.

1775 *Li moine par quel achaison*
Soefrent escumenation   XXIII

Se aucuns frere est desdeignanz,
Non obedient ou gondrillanz,
Ou soit enflé ou orguellos,
1780 Ou de riens soit contrarios
A seinte reule ou 'as commanz
De ses priors et despisanz,
Icil qui tex sera trové
Soit ore et ore amonesté
1785 De ses priors segréement
Selonc le Deu commandement.
Se il n'en fet amendement

1763 *Ms.* a l'ore Dé... *festinent invicem se prævenire ad opus Dei.*

Devant trestoz communement,
Soit bien repris et aquelli
1790 Et par parole bien laidi.
Et se avient que ne s'ament,
Se il par aventure entent
Quel peine soit d'escomingiez,
De commune soit esloigniez;
1795 S'il est engrés en sa malice
Del cors soit venjance et justice.

Que soit selonc la mespresture   *1 0 9 b*
De l'escommenge la mesure.   XXIIII

Selonc ice que l'on mesfait
1800 Et la cope que l'on en trait.
Doit l'on la peine amenuisier
Ne ja mesure trespasser;
De decepliner se l'on doit
Ou d'escommengier quelque seit
1805 La mesure des copes pent
En l'abé en sun jugement.
Porquant se aucun frere enchiet
En cope aucune qui meins griet,
Ne doit o les freres mengier
1810 Ne els a la table apoier;
Quant si ert parti de la table
Ceste peine en aura resnable :
En coer seaume n'entonera,
N'antiefne ne commencera,

1802 *Ms.* Neiamt mesure. — 1810 *Ms.* e d'apoier *écrit au-dessus*
entre p *et* o.

1815 Ne ne recitera leçon
Tresqu'a la satisfaction.
Quant li frere seront refait
Tot sol sa refection ait,
Et l'oure iert destinée einsi :
1820 Se il se refunt à midi,
Icil frere la devant none
N'ait qui de mengier le semone ;
Et s'il a none font lor ceine,
Et cil soit tresqu'au vespre en peine
1825 Desi qu'il puisse avoir pardon
Par digne satisfacion.

De grief cope, de grant excès
Ci est le vengement esprès.   **XXV**

Qui en plus grief cope est tenu   *109 c*
1830 De table et coer soit sozpendu.
Nus freres n'i ait compagnie,
N'a lui n'aprest, ne parout mie.
Sol soit a l'ovre et al labor
Et soit en penitance et plor.
1835 Sache la sentence et l'entente
De seint Pol qui tex expoente :
« Tel home a Sathanas livrez ;
« Sa char destrinez et penez
« Que li espirz par tel torment
1840 « Soit saus el jor del jugement. »
Et sol menjust a tel mesure ;

1821 *Ms.* freres. — 1833 *Ms.* a l'ore.., ad opus.

De ce preingne li abes cure,
Mesure et oure porverra
Tex com al frere covendra.
1845 Nul qui par lui doit trespasser
N'ait cure de lui saluer;
De beneiçon nul mot ne sont
Sor nul mengier que l'on li donst.

De ceuls qui sanz autrui congié
1850 *Communient a escumengié.* XXVI

Se aucuns des freres enprent,
Sanz de l'abé commandement,
A escommengié assembler
Ou de riens nule o lui parler
1855 Ou nis riens mander par autrui,
Escommengié soit cil o lui.

Comment li abes garde preinge
De cels qui sunt en escumenge. XXVII

Li abes doit metre grant cure,
1860 S'il a en soi sens et mesure,
Entor les freres qui mesfont *109 d*
Qui d'amender grant mestier ont,
Car li sein n'ont mestier de mire,
Mès qui mal a cil le desire,
1865 Por ce se doit mult efforcier,
Com sages mires envoier
Quoinses celés conforteors,

Sages freres ancienors,
Conforter coinses a celé
1870 Le frere chaitif esgaré,
Et enticier et consellier
Qu'il se voelle humilier
Et vienge a satisfaction
Qu'il ait de son mesfait pardon,
1875 Et li dient en confortant
Qu'il ne s'afolt par duel trop grant,
Mais si com li apostres dit
Seint Pols meesme si l'escrist :
« En lui confermon charité
1880 « Et por lui soit de toz oré. »

Granment doit li abes penser
Par cointise et par soi pener
Que des oelles n'ait perdue
A[u]cune a sa garde acreüe.
1885 Sache qu'il a pris a garder
Anmes enfermes a curer ;
N'a pas les seines en baillie
Por grever les par tyrannie.
La manace dot et n'oblit
1890 Del prophete par qui Dex dit :
« Le cras a vostre oes p[r]eniez
« Et le foible en loing jetiez. »
Et seve l'essample mellor   *110 a*
Del douz, del boen, del piu pastor

1879 *Ms.* conformen, *e écrit au-dessus d'o, o au-dessus d'e.* —
1882 *Ms.* Par covoitise *Magnopere enim debet sollicitudinem ge-*
rere Abbas circa delinquentes frates, et omni sagacitate et in-
dustria curare... — 1891 *Ms.* oel peñiez, *Quod crassum videbatis,*
asumebatis.

1895 Qui guerpi el mont loinz de gent
Oelles une meins de cent
Et ala querre une perdue
Qui del foc estoit fors eissue,
De qui enfermeté li prist
1900 Si grand pitié que il la mist
En ses espaules et leva,
Einsi al foc la raporta.

De ceuls qui sovent blasmé sont
Et qui amender nel voudront. [xxvIII]

1905 S'aucuns freres a raison mis,
Por sa cope sovent repris,
S'il a esté escommingiez
Et par tant ne soit adreciez,
Plus engrez ait chastiément :
1910 C'est venjance de batement ;
Et s'il par tant ne s'en repent
Si qu'il i ait amendement,
Ou s'il soit en orguel muntez,
Que Dex, se vos plest, ne soffrez,
1915 Et velle estriver et contendre
Et ses males oevres deffendre,
Face li abes ce que doit
Que li sages mires feroit,
Se il i a mis ses fomenz,
1920 Ses oingnanz amonestemenz,
S'il i a mis ses medecines
Des escritures les devines,

1905 *Ms.* Se freres, *Si quis frater.*

S'il al derrein a mis l'arson
De l'escommunication,
1925 De verges l'aura batu bien   *110 b*
·Et verra que tot ne vaut rien,
Ajost dont le mellor refui;
Il et li frere orent por lui
Que Dex qui tot poet en verté
1930 Al frere enferm envoit santé.
Et s'il einsi n'en est sané,
Li abes face que sené,
Des seins l'ost hors parmi la porte,
Com fait li mires la char morte,
1935 Qui a son fer la trenche et tout
Qu'ele la seine char n'afout,
·Com li apostres dit a nos :
« Ostez, fet il, le mal de vos. »
Et puis se cil qui Deu ne creit
1940 S'en vait, Dex ne voille que seit
Par une languissante berbiz
Trestot li fos morz et honiz.

*Se deivent estre receü
Li frere qui s'en sunt eissu.*   XXIX

1945 Li freres qui par sun mesfait
Est hors jetez ou il s'en vait
Qu'el mostier ne puet demorer,
Se puis après veut retorner,
Pramete premereinement
1950 De cel mesfait amendement,

1935 *Ms.* le. — 1942 *Ms.* Est tot li fos, *totam gregem.*

Por qu'il del mostier fu eissuz.
Quant c'aura fet, soit receüz
Et soit mis el derrain degré
Por esprover s'umilité.
1955 S'autre foiz ist et merci quiert
Desqu'a trois foiz receüz iert;
Mès ja puis, sache il bien de fi,   *110 c*
De rentrer n'aura mès merci.

Comment l'en prengne des enfanʒ
1960 *Justise et des meins entendanʒ.*   xxx

Chascun, selonc ce qu'il entent,
Selonc l'éé qu'a lui apent,
Doit avoir sa propre mesure
Et par raison et par droiture.
1965 Ore est aucuns en vasletage,
Ou jovencel est par aage,
Ou poi sage ou poi entendanz.
Com griés la peine est et com granz
Que chascuns escommengiez trait.
1970 Toz tans, quant aucúns tex mesfait,
Danté soit par mult jeüner
Ou par egrement flaeler,
Tant soit constreinz et tormentez
Qu'a lui reviegne la santez.

1957 *Ms.* Mes ja puis sachil.

Ci aprent il a celerier
Ice qu'apent a son mestier.   XXXI

Eslire [on] doit le celerier
Del covent mesme del mostier
Qui sage soit et meüré
1980 De mors ait et sobrieté
De mult mengier, non orgellos,
Ne turbulent, ne torcenos,
Ne soit tardis ne demoranz,
Ne gasterres, mès Deu cremanz;
1985 Qu'il soit a trestot le covent
Com pere a filz tot ensement.
De trestot prengne cure bien
Et guart soi qu'il ne face rien
Sanz le commandement l'abé   *110 d*
1990 Contre son voel ne son boen gré;
Gart ce qu'il a en commandise,
N'estrist son frere en nule guise.
S'aucuns frere de lui rie[n] quiert
Que a lui n'a raison n'afiert,
1995 Nel face triste en despisant,
Mès o humble et o bel semblant
Escondie resnablement
Ce qu'il demande malement.
Gart s'ame et en memoire ait bien
2000 Cel precept apostolien :
Qui dit : « Cil qui bien servira
« A soi boen degré conquerra. »
Sor les enfers, sor les enfanz,

1980 *Ms.* et de sobrieté, de *exponctué*. — 1986 *Ms.* perre. —
1990 *Ms.* no son.

Sor hostes soit s'entente granz.
2005 Por toz, ce sache veraiement,
Rendra reson al jugement.
Toz les vesseaus de la meson
Et tote la possession
Gart et cure en preigne tel
2010 Cum des vesseaus sacrés d'autel.
Nulle chose n'ait en despit,
A avarice n'estudit;
Ne soit de la chose gasterres
De la meson ne estreperres;
2015 Tot face mesuréement
Selonc l'abé commandement.

Mès sor tote rien, filz, croi moi,
Humilité aura en soi,
Et qu'il n'a que doner en dons,
2020 Parole ait bele et bels respons,
Quar escrit est que boens sarmons   *I I I a*
Vaut assez meulz que uns boens dons.
Entende a quanque de l'abé
Li ert enjont et commandé.
2025 Ne face rien contre son vé
De chose dont il n'a congié,
Et as freres ne delait mie
L'anone assise et establie;
Off[r]ir lor doit sanz nul dangier
2030 Et sanz feintise et sanz targier
Que ne lor face offension;
M[e]nbre lui del devin sarmon :
« Quels loiers est a lui bastiz
« Qui offent un de ses petiz. »
2035 Et s'auques grant est l'assemblée,

Compagnie li soit donée
Par qui solaz, par cui aïe
Acomplir puisse sa ballie.
A hore doinst que doit doner
2040 Et demant que doit demander,
Que il n'ait en la maison Dé
Ne troblé nul ne contristé.

Les ostilz et tote autre rien
De la meson que l'en guart bien.   XXXII

2045 Des ostilz et des feremenz
Del mostier et des vestemenz
Et de quelconques autre rien
Porvoie soi li abes bien
Freres en qui fiér se doie
2050 Et a cui vie et mors il croie,
Et baut lor, si com il verra
Que mestier et profit sera,
Chascune chose a tenir   *111 b*
A garder et a retenir.
2055 Et tot ce qu'il lor liverra
Encontre eus embrevé aura
Qu'il puisse savoir et entendre
Quant il devront aconte rendre,
Et autres menistres endeit
2060 Ce qu'il balle et que il receit.
\   · Et se aucuns est si vileins
Et si de negligence pleins

2037 *Ms.* Par qui a solaz, a *exponctué.*

Que ses choses trait trop vilment,
Repris en soit, si s'en ament ;
2065 Et s'il n'entent a amender,
Ait decepline reguler.

Se moine poet avoir ou doit
Chose qui soe propre soit. XXXIII

Més un vice meesmement
2070 Et des mostier et de covent
Doit l'en deffendre et oster
Et par rachine estreper,
Que nus des freres n'ost emprendre
De riens doner ne de riens prendre
2075 Se il par son abé nel fait,
Ne nule riens propre nen ait ;
De nule rien ne face excès,
Tables, ne greffe ne livrés,
Mès nule riens del tot en tot
2080 Escondit li est tot de bot,
Quant son cors ne sa volenté
N'a en sa propre poesté ;
Mès quantque est a lui mestier
Espoirt del pere del mostier.
2085 Riens n'ait fors ce qu'il li donra   *III c*
Ou ce qu'il li otroiera.
Tot soit, qu'est escrit, en commun,
Quanqu'en aura soit a chascun ;
Ne preigne nuls por nule rien

2087 *Ms.* quen escrit, *omniaque omnibus sint communia, ut scriptun*
est.

2090 Qu'il die : ce tien je por mien.
Et s'aucuns est aperceü
Qu'il en cest vice soit tenu,
Amonesté soit une foiz
Et derechier, car ce est droiz,
2095 Et s'il n'est par tant adrecié
Soit puis repris et chastié.

Se li moine lor estovoir
Doivent oelment recevoir.   XXXIIII

Escrit est que l'en departeit
2100 Cum a chascun mestier esteit;
Mès ce sachiez qu'en cest escrit
Ne diun pas qu'einsi soit dit
Que nos a persones gardons
Et selonc ce les recevons.
2105 Ne soit ja que einsi l'entendez
Mès gardez as enfermetez.
Qui meins estut, Deu rende grace,
Et de ce triste ne se face;
Qui plus estuet plus humble soit,
2110 Por sa feblece estre le doit,
Et en soi point d'orguel n'en ait
Por la merci se l'on li fait;
Se cist et cil einsi le funt
Trestot li menbre en pais seront.
2115 Sor tote riens amonestons
Et mees[me]ment deffendons
Que le mal de gondrilleison,   *III d*
Por quelconque soit achaison,

En parole ja nule foiz
2120 Ne pere, n'en signe de doiz;
Et s'aucuns en est entrepris,
A destroit chasti soit sosmis.

Ceste escriture endoutrine
Les semainiers de la quisine   xxxv

2125 Entre sei soient servitor
Li frere chascun a son tor;
Nus ne s'escust, ne doit ne puet,
De quisine servir estuet,
S'il n'est sorpris d'enfermeté
2130 Ou d'aucun grant utilité,
Quar l'on en poet greingnor loier
Et charité plus porchacier.
Mès cil qui de cors fieble sunt
Aïde et solaz i auront,
2135 Que del servise et del labor
N'aient moleste ne tristor,
Mès toz ensemble aient confort
Conseil et aïde et deport,
Selonc la congregation
2140 Ou del leu la position.
Se il i a mult assemblez,
Soit de la cuisine escusez
Li celeriers et li plusor
Qui entendent al prou greingnor.
2145 Tuit li autre en humilité
S'entreservent par charité.
Quant cil istra qui a servi

De sa semaine au samedi
Doit ses vaisseaus toz esmunder   *112 a*
2150 Et les toalles doit laver
Dont l'en tert les piez et les mains,
Qu'il ne soit tenuz por vileins.
Cist al eissir, cil al entrer
A toz doivent les piez laver.
2155 Les vaisseaux rendent del mostier
Nez et entiers al celerier
Qui a celui les ballera
Qui el servise enterra,
Que il sache certeinement
2160 Ce qu'il livre et ce qu'il reprend.
Mès li servitor semainier,
Une ore devant le mengier,
Sor l'anone que d'assise ont
Senglès boivres et pain auront
2165 Por melz servir en refreitor
Sanz gondrillier, sans grief labor;
Mès quant jors festivex seront
Tresqu'après la messe atendront.

Li semainier a lor entrant
2170 Et ensement a lor eissant,
Quant commence et fine lor peine,
En l'oratoire al diemeine
Puis que matines prendront fin,
As genolz prient chief enclin
2175 Devant l'autel o umble chiere
Que por nous touz face proiere.
Qui la semaine a esté sers
A s'issue die ces vers :

2178 *Ms.* A se issue.

« Beneez es, Dié de majesté,
2180 « Qui aidié m'as et conforté. »
Trois fois dira puis recevra   *112 b*
Beneiçoun, si s'en istra.
Li entrans sieve et cest vers die :
« Dex, entent a la moie aïe,
2185 « Sire, haste a moi aidier. »
Trois fois deivent tuit rehicier.
Quant beneiçon aura prise
L'entrée prendra del servise.

Grant cure avoir a nos envie
2190 *Des freres qui ont maladie.*   [xxxvi]

Entendre as [enfers] doit l'en bien
Devant et sour toute autre rien
L'en doit a eulz si comme a Crist
Servir, quer il meesme dist :
2195 « Malede fui, quant vous l'oïstes
« Pour visiter a moi venistes.
« Ce qu'a un de ces miens feïstes,
« En euls bien fere a moi servistes. »
Mès li enfers doivent penser
2200 Qu'en les sert pour Dieu enourer
Et par lour sourfait ne contristent
Lours freres qui a els ministrent.
Pourquant si doit l'un soufraument
Sourporter les et bonemënt,
2205 Quer de cels doit l'en pourchachier

2191 *entre* as *et* doit *mot illisible par suite de grattage :* Infir-
morum cura... adhibenda est.

De Damedieu greignour loier
Or preingne cure o grant afit
Li abes que aucun despit
Ne sueffrent cil qui enfers sunt.
2210 Une celle par soi aurount
Et un servitour povourous
Qui Deu crieme et soit curious.
Et l'us des bains aient tost prest   *112 c*
Par tantes foiz com mestiers est.
2215 As sains, as joenes meesmement
Soit graanté plus targaument.
Mès enteimmes la char mengier
Doit l'un soufrir et otroier
A fiebles et as enfers moult
2220 Pour euls rapareillie[r] de tout.
Mais puis qu'il serunt amendé,
Si com il sunt acoustumé,
Tuit s'en atiegnent regierres
De char de toutes manieres.
2225 Li abes se doit moult guarder
Et o tres grant cure pener
Que ne celerier ne serjant
Enfers despisent tant ne quant,
Quer droiz est que l'en li recunt
2230 Quanque si deciple mesfunt.

En cest chapitre est li esgarz
Et des enfanz et des vellarz   XXXVII

Ja soit ce qu'umaine nature
Se traie a merci et mesure

2235 En ces éez des poi souffrans
Cum des veillars et des enfans,
Pourquant se doit contreguarder
Nostre auctorité reguler.
Touz tans gart l'un a lour fieblece,
2240 Si que la reguler destresce
Ne soit tenue en s'estature
En droit euls de lour nourreture.
En els doit l'en pitié tenir
Et reguler oure avantir.

2245 *Ci nos mostre del semainier*
Que lire devra al mengier. xxxviii 112 d

Au mengier commoun couvient lire
Que la leçoun ne soit a dire;
Mès quiconques le livre prent
2250 N'en eit en soi le haitement
Que ja par aventure i lise
S'il nel pourvoit en nule guise,
Mès qui sa semaine lira
El diemenche i entrera.
2255 Al entrer el commencement
Requerra trestout le couvent,
Après messe et communioun,
Que pour lui facent oureisoun
Que Dex destort l'espirt de lui
2260 D'orguel qu'il ne lui face ennui,
Et cest vers de touz di sera
Trois foiz, mès il commencera :
« Sire, mes levres overras

2261 *Ms.* del toutz, l *et* t *exponctués.*

« Et ma bouche te loeras. »

2265 Et si prise beneïçoun
Enterra lire la leçoun.

Al mengier couvient taisir moult.
Que il i ait moult buen escout,
Que voiz de nului guoundrillant
2270 N'i oie l'en fors del lisant.
Mès se riens defaut aus menjanz
Ou riens soit mestier as bevans,
Li frere deivent ministrer
Que nul n'estuece demander.
2275 Se riens est mestier nequedent
Demandé soit privéement
Par soun de signe quel que soit,
Quer par voiz desordre seroit.
Ni face nul presomptioun   *113 a*
2280 Que riens demant de la leçoun,
Ne de ce ne cel ne demant
Qu'achaisoun ne prenge un par tant,
Se li priours briement ne dit
Aucune riens qui edefit.
2285 A lui qui lira la semaine
Miste receivre est chose seine,
Ainz qu'il commenst lire leçoun
Pour la sainte communioun;
Et que de nient ne lui soit grief
2290 Soufrir jeüne pour le chief.
Puis ira o le quisinier

2264 *Ms.* Et ta bouche le loeras ; *le texte latin :* « *et os meum annunciabit laudem tuam* » *justifie la correction, mais l's final que réclame la rime ne s'explique plus.* — 2271 *Ms.* au mengier, gier *exponctué,* janz *écrit au-dessus.*

Et o les servitours mengier.
Ne doit l'un les freres amordre
A lire ou a chanter par ordre,
2295 Mès qui puet valoir et plesir
As freres qui deivent oïr.

As moines dit de lor pouture
Comment la prengent par mesure.   XXXIX

Nos creouns que ce soit assez
2300 En touz mois d'iver et d'esté
A la chascun journel announe
Et tant à midi comme a noune,
Se li frere ont deus quiz poulmenz
Pour enferté de plusors gens,
2305 Que qui de l'un ne puet mengier
De l'autre se puisse paier.
Lor se tuit li freres ount
Ij. poulmenz quiz, bien paié sunt,
Et des poumes se l'oun a dont
2310 Et des leuns cum il nestront
Soit li tiers poumenz ajoustez;   *113 b*
N'i aura gueres plus qu'assez.
Un pain au jour soufire doit
Qui del pois d'une livre soit,
2315 Ou l'en doie une fois cener,
O l'un disner doie et souper;
Et se il doivent cener tart
Le celerier la tierce part
De la livre estineront
2320 Pour rendre a cels qui cenerunt.

2303 *Ms.* freres. — 2315 *Ms.* Ou len doie q, q *exponctué.*

Mès se l'un avant fet labour
De tel com estre seut greigneur,
El jugement soit de l'abé
Qui l'aura bien en poesté,
2325 S'il i estuet, riens ajouster
Sour toute riens sanz engloter,
Que ja moine surreptioun
N'ait ounques de indisjestioun.
A crestien n'est nul torment
2330 Plus contraire qu'engloutement,
Si com Dex dist : « Vos cuers guardez
« D'engloutemenz que nes grevez. »
As vaslez de menour éé
Ne guart l'oun ceste quantité;
2335 A els soit mendre qu'as ainsnez,
Mès en touz mesure guardez.
De char de beste a quatre piez
Del tout en tout tuit esteigniez,
Fors tant que cil qui fieble sunt
2340 Et malade la mangerount.

As moines fet de boivre assise
Et la mesure lor a mise.   XL

Chascun a de Dieu propre doun,   *113 c*
Li uns einsi, li autre non;
2345 Et porce est asquens doutous
Que nen est seürté a nous
Mesure metre en autrui vie,
D'autrui vivre fere establie.

2334 *Ms.* guait.

Pourquant j'esguart l'enfermeté
2350 Des houmes et la fiebleté,
Assez a d'un pichier de vin,
Chascun au jor, cum je devin.
Mès icil qui puent soufrir
Et per le Dié doun astenir,
2355 Sachent et aient ferm espoir
De lour p[r]opre livrée avoir.
Et se par grant necessité
De lieu, labor, ardour d'esté,
Estuet mesure avoir greignour,
2360 El jugement est del priour.
Mès gart en touz que saoulece
N'i sourrampisse ne yvrece.
Pourquant nos lisoun veirement
Que vins as moines riens n'apent,
2365 Mès quant ce n'est en notre éé
As moines paramounesté,
N'en nos tens fere nel pooun,
Seveaus nous en ce consetoun
Que ne bevoun a saoulesce
2370 Mès par mesurable escharcesse;
Quer vins fet sage reneier
Et de lour droit sens forsveier.
Mais quant l'oun fet necessité
Del lieu, quar n'i est la plenté
2375 Que n'i puisse estre trovée   113 d
La mesure devant mostrée,
Ains i trueve l'en mains de mout
Ou riens nule esteinent du tot,
Dieu beneïssent qui la meinent

2368 *Ms.* noun.

2380 Et n'en goundrillent ne ne pleingnent.
Amounestoun ce meesmement
Qu'il soient sanz guondrillement.

Ci veut les ores enseignier
Quant li frere devront mengier.   XLI

2385 Dès la seinte Pasque en avant
Tresqu'a Pentecouste finant
Menjucent li frere a midi
Et au soir ceinent autresi.
Dès Pentecouste en tout l'esté,
2390 Se de labour ne sunt grevé,
Ou s'il ne fait trop grant chalour
Dunt moult sunt grevé li plusor,
Il geunerunt li mescredi
Et le vendredi au[tre]si.
2395 Mès il tendront as autres jors
De mengier a midi le cours;
Et iceste oure de mengier,
S'il vcount en champ por traveillier,
Estre doit en continuance.
2400 Li abes l'eit en pourveance
Qui tout temprer et ordener
Doit si que les ames sauver
Puissent li frere, et ce qu'il funt
Facent que nul guoundril n'i sunt.
2405 Des ides de setembre avant
Tresqu[e]a quaresme chevant,
A noune touz tans mengerunt,   *114 a*
Mès en quaresme junerunt
Tresqu'a la resurrectioun;

2410 A vespre auront refectioun.
Mès vespres facent tel maniére
Qu'il n'aient mestier de lumiére,
Mès trestout complissent par jour
Sans lusérne et autre luour.
2415 Mès seivans chascune sesoun
De ceine ou de refectioun,
Allent si l'oure amesurant
Que tout soit fet el jour luisant.

Ci nos commande et ci nos crie
2420 *Nuls ne parout après complie*   XLII

Moines doivent touz tans pener
De tenir silence et guarder,
Veirs est enfin mès nequedent
As oures des nuiz meesmement.
2425 Et donc touz tans quant geunerount
Et touz tans quant il disnerount,
Quant tens de disner avendra,
Puis que la ceine fin aura
Et de ceine serunt levé
2430 Et les graces auront finé,
Trestouz ensemble s'en irunt
Et touz en un lieu s'aserrount,
Et un lira collatioun
En un livre que si clamoun
2435 Ou il lira *vitas patrum*
Ou autre qui einsi avon
Ou certement aucun escrit
Qui cels qui l'oirrunt edifit;
Ne lira pas *eptaticum*   *114 b*

2440 Ne livre que l'en dit *regum*;
Li premiers est des propheties,
Cist est des rois et de lour vies;
Quer as enfers entendemenz
Ne seroit prouz n'avancemenz
2445 Ceste escriture oïr cele oure,
Autres oures lira l'en soure.
Et quant li jours seult avenir
De geüner et d'astenir,
Quant il auront les vespres dit,
2450 Après un entreval petit
En erre irount a la leçoun
Cum dit avoun collatioun;
Quatre feuz ou cinc en lira
Ou tant com l'oure soufferra;
2455 Trestouz ensemble i acourront,
Tant com a leçoun demousrount,
Nis s'auquens est enbesoignié
De fere que li soit charchié.
Puis trestuit einsi assemblé
2460 Irount a complie loer Dé;
Puis qu'eissu serount de complie
N'aura nul sol qui puis mot die;
N'iert pas licence a nului
De riens parler a aucunui.
2465 Et s'en set nuli tressallir
Iceste riele de tesir,
Icil souzgise a la venjance
Itel quel li tort agrevance

. . . .

2454 *Ms.* Ont tant com loun li soufferra, *vel quantum hora per-*
mittit. — 2457 *Ms.* Nis se.

2470 . . . .

A aucun riens commandé   *114 c*
Icelui ait l'un escusé
Pourquant fet soit o grant grieté
Et o mesure et honesté.

2475 *De ceus qui tart vont al mengier*
Ou al servise del mostier.   [XLIII]

A l'oure que un doit Dieu servir,
Si tost com l'en porra oïr
Le seign qui nos seult apeler,
2480 Courre doit l'en et moult haster
Et toutes riens guerpir enteins
Quelconques l'en eit entre meins,
Pourquant o grité et mesure
Que n'ait matire enveisure.
2485 Or estuet donc à Dieu servise
Soit toute riens ariere mise.
Qui as veilles la nuit vendra
Puis que dit ert le *Gloria*
Del seaume nounantisme quart,
2490 Qui suelt, que nulz ne viengne tart,
Estre dit a leisir atrait,
Et nos voluns qu'einsi soit fet,

2469-2470 *A la place de ces deux vers qui manquent, le co-
piste a mis les vers 2473-2474, qui sont ainsi répétés deux fois.
Voici le texte latin:* Quod si inventus fuerit quisquam prævaricari
hanc taciturnitatis regulam, graviori vindictæ subjaceat: excepto
si necessitas hospitum supervenerit, aut forte Abbas alicui aliquid
jusserit. Quod tamen et ipsum cum summa gravitate et modera-
tïone honestissime fiat. — 2472 *Ms.* aucun. — 2480 *Ms.* mlt.

N'estoit el cuer en sun estal,
Mès el desrein de touz aval
2495 O par soi soit en un lie[u] mis
Que li abes aura asis
A lui et (a) autres tels dolens
Et pereçous et negligens,
Que il soit de l'abé veü
2500 Et de tous maz et confundu
Desqu'après l'oure de complie.
Sa colpe recounoisse et die,
Si s'en repente et si l'ament   *114 d*
Devant trestouz communalment.

2505 Et pour ce l'avun si jugié
Qu'au desreein soit esloignié
Ou que par soi deivent ester
Que touz les puissent esguarder,
Quer par ce veaus s'amenderunt
2510 Pour la vergoigne qu'il auront.
Quer s'il hors del cuer sunt remis,
Tel i aura au mien avis
Qui pour dormir se couchera
Ou se devient il se seira,
2515 A se entendra ou a fables;
Sin aura achaisoun diables.
Mès entre enz qu'il n'aut tot perdant,
Si soit amendé en avant.
Mès as oures q'un par jour dit
2520 Qui a l'ovre Dieu par despit
Puis le vers et le *Gloria*
Del primerein siaume vendra,

2506 *Ms.* sioit, si *exponctué.* — 2509 *Ms.* parce veaus.

Cum dit avuns par cele lei,
Estoit deesreins ou tout par soi,
2525 Et ne soit ja si empernans
Qu'il s'acompainst as verseillanz
Devant que il l'ait adrecié
S'il del abé nen a congié,
Qui si li otroit et graant
2530 Qu'il asez face a en avant.

Et qui si vendra au mengier
Qu'il ne soit au vers commencier,
Que touz ensembles le vers dient
Et que parnent ourent et prient,
2535 Et uns et uns communement   *115 a*
A la table allent oelment ;
Qui tart vendra si soit repris
Desqu'a ij. feiz qu'il n'en ait pis,
Et se desdonc n'est amendé
2540 Ne li soit mie graanté
A la table communement
Partir ensemble o le couvent,
Mès sol ait sa refectioun
Sevrez de la communioun,
2545 Et del vin perdra sa partie
Tresqu'il ament sa vilanie.
La peine meesme souferra
Qui au vers present ne sera
Que l'en seult dire après mengier
2550 Pour Dieu loer et gracier.
Ne nus ne soit si hardi mie
Qu'il ja devant l'oure establie
N'après mengier boivre n'enprenge,
Quer nel puet fere sans chalenge.

2555 Mès se li priour offre rien
     A auqun que il voille bien
     Qui par desdeing ou nounsavoir
     Soun doun ne voudra recevoir,
     A l'oure quant desirera
2560 Ice qu'il anceis refusa
     Ne l'ait ne el del tout noient
     Tres que il par resoun l'ament.

De faire satiffation
Après escumenation   XLIIII

2565 Qui pour coupe dont est grevé
     De cuer et de table est sevré
     A l'oure que l'en l'ovre Dé   *115 b*
     Aura el mostier celebré,
     Devant la porte estendu gise
2570 Del cuer quant l'eissue ert emprise,
     Ne die mot, mès soulement
     Le chief mete a terre umblement,
     Estenduz as piez souspiranz
     De touz del oratoire eissanz;
2575 Et ice tandiz face adès
     Que par l'abé en eit relès.
     Mès quant commandé li sera
     Et devant sun abé vendra,
     Az piez del abé se travent
2580 Puis as piez de tout le couvent,

2567 loie Dé; *bien que* loie *(louange) présente un sens accep-*
table, la correction en l'ovre *est indiquée par le texte latin :* hora
qua opus Dei... celebratur.

Que chascun pour li ort et prit.
Se l'abes donc commande et dit
Ens el cuer receü sera
En l'ordre ou li abes voudra,
2585 Issi pourquant que commencier
Leçoun ne seaume de sautier
Ne autre n'e[n]preinge avant
Se li abes ne li commant.
Et tous tans après le servise
2590 A terre chiece, a terre gise
El leu meisme ou il estoit,
Et si face qu'assez fet soit
Tres que li abes li commant
Que il ait soun repos atant.
2595 Mès qui est pour mesfet legier
Escommengiez del [sol] mengier
En l'oratoire face assez ;
Iluec soit chascun jour penez
Desqu'au commandement l'abé ;   *115 c*
2600 Ce parface sa volenté
De si la qu'il le beneie
Et qu'assez est li abbes die.

Des freres qui el mostier fallent
Et del servise riens tressallent.   XLV

2605 S'aucuns faut quant doit prononcier
Seaume ou respons commencier,
Ou en antiene ou en leçon,

2596 *Ms.* Escommengiez est del mengier ; est *répété à tort doit être supprimé. et* sol *est indiqué par le texte latin :* Qui vero pro levibus culpis excommunicantur tantum a mensa.

S'iluec par satifation
N'est devant touz humiliez
2610   A greignour venjance ert jugiez,
Quant il n'amenda humblement
Ce qu'il mesfit despisanment.
Li enfant de fieble vertu
Pour tel coupe soient batu.

2615   *Comment amender le devront*
Qui ens ou hors rien mesferont.   XLVI

S'aucuns de nule riens mesfet
Dementiers qu'il en labour veit
Ou en quisine ou en celier
2620   Ou en aucun autre mestier,
Soit en pestringe ou soit en ort,
En aucun art legier ou fort,
Ou que que soit aura freü
Ou se devient aura perdu
2625   Ou que que soit s'il fet excès,
S'il ne vient en erre après
Devant l'abé ou le couvent
De gré faire l'amendement
Et par sa volenté gehir
2630   Tout sen mesfait et descovrir,
Quant par autre lour ert moustré   *115 d*
Plus griement sera amendé.
Me[s] se la chose ert punée
De pechié d'ame mesalée,
2635   Die a l'abé ses punetez
Ou as esperitaus senez

Qui sachent lour plaies saner
Et les autrui bien meciner,
Quis nes voellent avant mostrer
2640 Ne descovrir ne communier.

De la droite hore nuncier
De l'ovre Deu et del mostier.   XLVII

De l'oure nuncier nuit et jor
De l'ovre Dieu, del saint labour,
2645 Li abes aura le mestier,
Ou par soi le face nuncier
Ou a tel f[r]ere curious
La cure enjoigne et penos,
Que compliz soit tout le servises
2650 As oures droites et asises.
Mès les siaumes entonnerunt
Et antienes commencerunt
En lour ordre après l'abé
Cil qui i sera commandé.
2655 Mès n'enpreigne chanter ne lire
Cil qui ne puisse a ce soufire
Et bien paremplir le mestier
Pour les oians edifier,
Mès o moult grant humilité
2660 Et o mesure et o grieté
Et o poour ice fera
Que li abes commandera.

3640 *Ms.* mostrer, *le premier* r *écrit au-dessus de la ligne* —
2642 *Ms.* De l'ore Deu, *operis Dei.* — 2659 *Ms.* mlt.

Confetement par chascun jor   *1 16 a*
Facent moines de mains labor.   XLVIII

2665   Oisdincce est anemie
A l'ame qui ne l'aime mie.
Pour ce deivent en tens certeins
Li frere en besoignier lor meins
En labour, en oure certeine,
2670   Metre en leçoun devine peine.
Je croi que par ceste reisoun
Fist l'en la dispositioun
D'ambes deus les tens ordener
Et par les ovres deviser.
2675   De Pasques a uitovre entrant
Matin isïrunt li labourant,
Dès prime en labour entrerunt,
Puis tres qu[e] a quatre ouvrerunt.
Lour oevre et lour labour aura
2680   En ce qu[e] eus mestier sera.
Dès quatre dès qu'a siste près
A leçoun entendrunt adès.
Puis de la table leverunt
En lour liz reposerunt
2685   O chascune taisibleté,
Ou cil qui aura volenté
De lire, lise si a soi
Que li autre n'aient esfroi.

2669 *Ms.* en oeure *certis iterum horis in lectione divina. —*
2675 *Ms.* et duitovre *a Pascha usque ad Calendas Octobris. —*
2678 *Ms.* catre, c *exponctué,* q *avec l'abréviàtion de* ua *écrit au-
dessus. —* 2684 *Ms.* Et lour.

Nonne plus par tens chanteront
2690 Que l'oitme oure meitieront,
Puis ferunt a l'ovre retour;
Tresqu'au vespre erent en labour.
Et se il unt mestier si grant,
Ou [se] lor povreté demant
2695 Que els estueche ahenner   *116 b*
Pour les blés par soi assembler,
Ja contrister ne s'en devront,
Quer lores pour voir moines sunt
S[e] il vivent par manuel labour,
2700 Cum li apostre et nostre anceisour;
Mès facent mesuréement
Quanqu'il funt pour la fieble gent.

Des calendes d'uitovre entrant
Tresqu'a quaresme commençant,
2705 Chascuns a la lechoun se tieingne
Tresque l'oure secunde vieingne,
Quer a tierce doit l'un chanter;
Puis istrunt trestouz labourer
Tresqu'a nonne en lour besoigne
2710 Que l'on par raisoun lour enjoingne.
Quant li premier seig sonnera
De nonne, chascun s'en ira
De s'uevre et soit touz aprestez
Quant le secunt seint ert sounez,
2715 Et soit après refectioun
Ou a siaumes ou a leçoun.

En cels jors de la quarantaine,
Del matin tresqu'a tierce plene,
A leçoun erent entendant

2720 Et puis cele oure en avant
Tres qu'a la disme oure overrunt;
Ce que enjoint lour iert ferunt.
Es jours de quaresme touz prengent
Sengles livres ou il aprengent,
2725 Et de l'aumere les prendrunt
Et par ordre del tout liront.
Et sour touz soient esguardé   *116 c*
Ou un ou deus moines sené
Qui tout le couvent environnent
2730 Es oures quant ententes donnent
Li frere a la seinte leçoun,
Et veient s'il lisent ou non,
Que nus freres n'i soit trovez
Qui soit a accide donnez,
2735 Qui siece oisdis ou fablians
(Ou) A la leçoun non entendans,
Quer cil nuist et non soul a soi,
Mès les autres met en desroi.
S'aucu[n]s d'icels trovez i soit
2740 Que Deu, se li plest, nen otroit,
Si soit une feiz chalengiez
Et autre, si n'est adreciez;
Se puis n'i a amendement,
A reguler chastiement
2745 Sousgise par itel tenour
Que li autre en aient poour.
Ne nuls des autres près ne soit
As oures quant estre ne doit.

Touz a leçoun au diemeine

2726 *Le traducteur a omis ce passage : qui codices in capite qnadragesimœ dandi sunt.*

2750 Entendent et metent lour peine ;
Et s'aucuns est tant pereçous,
Tant negligent, tant nunchalous
Que il n'en ait la volenté
Ou qu'il n'en ait en poesté
2755 De lire ne d'estudier,
Enjoingne l'un aucun mestier
A lui qu'il face et soit ovranz,
Que il ne soit del tot leisant.
Mès au frere fieble et trop tendre   *116 d*
2760 Tel oevre ou art facent enprendre
Qu'oisous ne soit ne trop travaut,
Que s'il est grevez né s'en aut,
Mès li abes esguardera
La fieblece que chacun a.

2765 *Comment quaresme soit gardé*
En jeüne et humilité.   XLIX

Ja soit ce que touz tans de l'an
Doit monial vie avoir l'ahan,
La cure, la guarde, la peine
2770 Qu'avoir seult en la quaranteine,
Pourquant poi ount ceste vertu,
Mès por Dieu et (pour) vostre salu
Vous volun nos amounester
Ces jours de quaresme guarder
2775 Vost[r]e vie en toute purté
En fait, en dit et en pensé.

2774 *Ms.* des quaresme enauater, *ce mot exponctué,* guarder *écrit au-dessus.* — 2775 *Ms.* Voste.

III

Et si avez toutes vos folours
Des autres tens en ces sains jors,
Que nous disnement ferons dons
2780 Se non de vices nos guardons,
Se non entendon a ovrer
Et a leçoun et a plorer
Et a compunciun corel
A estenance corporel ?
2785 Ajoustouns ore aucune rien
En ices jors a nostre bien,
A cele reule acoustoumée
Qui est asise et ordenée
Del servise dont Dex servuns,
2790 Familiere[s] ouresuns,
De mengier, de boivre astenance,   *117 a*
A Dié loenge et enourance.
Chascun outre cele mesure
Qui est endite a sa nature
2795 Aucune rien en offre a Dé
Selonc sa propre volenté
O joie del seint Esperit
En qui guarde il se delit ;
C'est qu'il doit a sun cors soustraire
2800 De ce dont il se selt refere,
De soun boivre et de sun mengier,
De sun dormir pour plus veillier,
De sun parler pour plus taisir,
D'enveisure o le desir
2805 De cele joie espéritel
Atendre cel seint tens pasquel.
Mès ce que chascun offre a Dé
Acoint avant a soun abé
O l'oureisoun de lui le face,

2810 O sa volenté o sa grace.
Quer s'il fait bien ou d'un ou d'el
Et de sun pere esperitel
N'a congié ne garantisun,
Torné est a presuntiun
2815 Et a gloire de vanité
Et nul loier n'aura de Dé.
Or soit donc tout par l'abé fet
Que l'un sa volenté en eit.

De ceus qui hors envoiez sunt
2820 *Ou loinz del mostier labor font.*   L

Freres qui loins sunt en labour
Et ne puent a l'ouratour
A l'oure assise estre prest,   *117 b*
Et li abes set qu'einsi est,
2825 Iluec meesme ou il labourent
Facent l'uevre Dieu et ourent
O toute devine poour
Genouz flechis a Dieu hounour.
Ensement qui en erre sunt
2830 L'oure establie ne leront,
Més en esrant, si cum l'en puet,
Le facent, quer fere l'estuet
Que nuls rendre a Dieu ne despise
La pensum de sun servise.

2827 *Ms.* Et toute.., *cum tremore divino.* — 2833 *Ms.* a Dieu le servise, *ces deux derniers mots exponctués,* ne despise *écrit à la suite.*

2835 *De ceus qui ne vont gueres loing*
Qui sunt envoiez par besoign.   LI

Cil qui pour aucun besoig esrent
Et cel jour retourner espeirent,
Ne preingnent mie hors mengier
2840 Pour quanque nul puisse proier,
Se li abes ne lour consent
Qu'il aient sun commandement;
Et qui autrement le ferunt
Hors quemune mis esserunt.

2845 *Del mostier et del oratoire*
Ou moines ore a la Deu gloire.   LII

Li oratoires ice soit
Qu'il est dit et estre le doit.
Riens ne doit l'un dire n'ovrer
2850 Fors ourer i et Dieu loer.
Quant l'ovre Dieu finé auront,
Trestouz o silence en istrunt
Et ferunt petit et greignour
Reverence a nostre Seignour,
2855 Que il n'i eit nul destourbé   *117 c*
Par autrui moleste engresté
Qui velle ourer privé[e]ment
Tout par soi et soultivement.
Mès se autres velt einsi ourer,
2860 Tout simplement i doit entrer
Et ourer non o voiz noisouse,

O voix basse et non criouse.
Mès touz de fin savoir devuns
Que Dieu requelt nos ouroisuns
2865 En nos souspirs et o nos plors
En pleignans et couraus dolors.
Or donc qui tel oevre ne fet
Ne graant ne otreié n'ait
Après l'ovre Dieu parfinée
2870 Qu'il en cuer face demourée,
Qu[e] autre n'eit empechement,
Si cum fu dit procheinement.

Conment deivent recevoir moine
Trestoʒ lor ostes sanʒ essoine. LIII

2875 Trestous les ostes sourvenanz,
Cum Jhesu Crist l'ostel demant,
Receü soient, qu'il dira :
« Ostes me receüstes la. »
A touz ferez communement
2880 Couvenable ounour, meesment
A ces privez, a ces voisins
De notre fei e as pèlerins.
Quant ostes nunciés essera
Li priour contre lui vendra
2885 Ou le frere a ce assigné
O servise de charité.
Ensemble ourent tout avant,   117 d
Puis s'asemblent en piez bessant;
Et cil beisier de seintes pès

2888 *Ms.* en piez, *et sic sibi socientur in pace.*

2890 Ne soit offers ne ne soit fes,
Ains eit esté a s'ouroisuns
Pour diable et ses illusiuns;
Et doivent en cel saluer
Trestoute humilité moustrer.
2895 A touz ostes en lour venir,
Ensement en lour departir,
Le chief en terre encliné
Ou tout le cors agraventé,
Jhesu Crist en icels aourent
2900 Qu[e] il reçoivent et ounourent.

Li oste a la receptiun
Soient mené a ouroisun;
Li priors puis o els serra
Ou cil qu[e] il commandera.
2905 De Dieu lise hon aucun escrit
Devant l'oste qui l'edefit.
Et puis trestoute humanité
Li face l'un en charité;
Sun jugne enfreigne li priours
2910 Pour l'oste, si li eit hounors,
Se il n'est jour si esceptez
Qu'il ne puisse estre violez;
Mès li frere de jeüner
Coustume ne doivent muer.

2915 Li abes soit einsi humains
Qu'as ostes doinst l'eve a lour mains,
Lour piez lavera umblement
Et tout le covent ensement;
Et quant lour piez lavé auront   118 a
2920 Ices vers del sautier dirunt :

« Ta merci, Dex, roi poosteis,
« Emmi tun temple avun priz. »
As povres et as pelerins
Receivre soit l'en plus enclins
2925 Et mesmement l'eit un en us
Qu'en ceus est Dieu receü plus,
Quer des riches le poestors
Requiert qu'a els soit fet henours.

Sa cuisine eit et sun agrei
2930 Li abes as oste par sei,
Que quant li oste sourvendrunt
Ne set l'en quant, comment, ne dunt,
Ne tollent as freres repos
Qui ens el moustier sunt enclos.
2935 En ceste entrerunt a un an
Dui frere pour trere l'ahan
Del mengier fere et del servir,
Que bien le puissent paremplir.
Soulaz aient, s'il unt mestier,
2940 Qu'il puissent servir sans groucier ;
Et de rechief quant meins serunt
Embesoingnié, lores istrunt
La ou l'en voudra commander
O autres ou par soi ouvrer,
2945 Et non sol en icest mestier
Mès en touz autres del mostier.
Selonc icest esguart soit fet
Que s'aucuns est qui besoing et
D'avoir aïde et soulaz,
2950 Apresté li soit tout viaz.

Et de rechief, quant sunt leisant,   *118 b*

Obeissent au cómmandant.
Et de rechief l'ostelerie
Ait un frere en sa ballie
2955 Qui pour s'ame ait de Dieu poour,
Humanité eit et henour.
Assez i ait liz estenduz
Pour couchier i les ostes nuz.
En la mesun Dieu sagement
2960 Des sages eit ministrement.
Nuls n'aut ne parout tant ne quant
As hostes s'il n'a le conmant;
Mès s'il l'encontre ou il le voit,
Humblement saluer le doit
2965 Et beneiçoun requerra
Et passera outre et dira
Que il ne doit, n'a lui apent
A hoste tenir parlement.

Ci deffent que prendre nen ose
2970 *Moine letres ne autre chose.*   LIIII

Ne list a moines n'il ne doit
De nuli qui parent li soit,
Ne de nul autre homme vivant,
N'a l'un de l'autre tant ne quant
2975 Letres receivre ne donner,
Ne drues ne salus mander,
Ne quelconques soit petit present

2961 *Ms.* naparaut, *Hospitibus autem, cui non præcipitur, nulla-
tenus societur neque colloquatur.* — 2977 *Ms.* Ne quelconques soit
petit dô, *vel quælibet munuscula accipere.*

San[s] de l'abé commandement.
Neis s'aucune riens sun pere
2980 Li a envoié ou sa mere,
N'enpreigne ice recevoir
S'einz ne l'a fet l'abé savoir;
Et s'il commande qu'il soit pris,   *118 c*
Li abes est poosteis
2985 De fere le a celui livrer
De qui li plera commander.
Et ne se face con(s)tristé
Cil qui l'en aura ce douné,
Que diable n'ait achaisun
2990 De faire aucune illusiun.
Et cil qui fera autre emprise
A chasti reguler souzgise.

Ci aprent de la vesteüre
Des moines et lor chauçeüre.   LV

2995 As freres doinst l'en vestement
Selonc de l'air le temprement,
En la maniere del pais
Ou il habiter ont empris,
Quer plus estuet es païs frois ;
3000 Es chauz est l'on moult meins destreis.
De cest esguardera reisun
Li abes par discretiun.
Es lieus qui meiens sunt porquant
As moines doit sofire tant,

3000 *Ms.* m¦t.

3005 Et nous creons qu'assez foisunne
     Se chascuns a ou coule ou gonne.
     Une coule ait l'yver velue,
     En esté viez ou pure ou nue,
     Et ait encore escapulaire
3010 Pour les oevres qui a a faire.
     Et des piez ait guarnemens tiez
     Se chauces ait et ses pieex.
     Ne tienge plet de la coulour
     De ces dras ne de la groissour,
3015 Mès tels com il trover porrunt   *118 d*
     En la contrée ou il sunt,
     Ou s'il ne puent fil trouver
     L'en plus vil qu'un puet achater.

     Li abes pourguart la mesure,
3020 Que cort ne soient preigne(nt) cure,
     A droit les face amesurer
     As freres qui deivent user.
     Touz tans, quant il les nués prendrunt,
     Les dras viez en present rendrunt
3025 Et remetrunt en vestuaire
     Pour as povres asmones fere,
     Quer au moine soufire doit
     Qu'a deus goünes et coules soit;
     Tant doit il avoir pour les nuiz
3030 Et pour laver icels estruiz,
     Quer ce que est outre sourfet
     Recoupé doit estre et retret.
     Et quanque est viez tous tens rendrunt
     Les piex viex quant nués prendrunt.

3028 *Ms.* Que a.

3035 Famulaires del vestuaire
Prendrunt qui eirre doivent faire,
Et quant il serunt reverti
Lavez lez remetrunt ici.
Et coules et gounes plusors
3040 I ait touz tens auques mellors .
De cels que il suelent vestir
Quan[t] il sejournent a loisir,
Et celes quant errer istrunt
Del vestuaire recevrunt,
3045 Et quant il serunt retorné
Sin soient lors desatourné;
Ses metent la ou il les pristrent   *119 a*
Et preignent celes qu'il i mistrent.

Assez soit as stramens des liz
3050 Se chascuns frere est guarniz
De nate ou haire ou de lainoel
Et a soun chief de chevecoel.
Pourquant li abes doit cercier
Sovent les liz pour espier
3055 Que oevre propre ne privée
Ne soit en nul des liz trouvée.
Et s'entour nulu[i] est trové
Qu'il n'ait receü de l'abé,
Souzgise a tel chastiement
3060 Dont il soit grevé durement.
Et que icit vice privé
Soit de la racine coupé,
Li abes doinst plenierement
Quanque necessité apent :
3065 C'est coule et goune au dos vestir

Et peex pour les piez garnir,
Chauces as gambes aesier,
Brahel as chauches atachier,
Coutel, greffe, napete, aguille,
3070 Tables se il escrire veille,
Que nus escusatiun n'ait
Que pour necessité l'ait fait.
Pourquant li abes guart touz dis
La sentence qu'il a empris
3075 Des fez que li apostre firent
Que si a chascun departirent
Selonc ce que mestiers estoit
Et cum a chascun afereit.
Lor guart donc les fresletez   *119 b*
3080 Et non les males volentés
Les fresletez des sonnianz
Nun le voloir des envianz.
En toute sa discretiun
Pourpenst de Dieu le guerredon.   ✓

3085 *En cest chapitre est devisé*
Com iert de la table l'abé.   LVI

La table a l'abé soit touz dis
Ove[c] cels d'estrange païs,
Et o les ostes doit mengier
3090 Qui vienent illuec herbegier.
Quant si avient que ostes n'a,
Cels qui il velt apelera
De freres a refectiun;

3066 *Ms.* pour garnir les piez. — 3083 *Ms.* Et toute *In omnibus*
autem judiciis suis.

Ce soit en sun eslectiun.
3095 Pourquant un ou deus des eiznez,
Des plus meürs, des plus senez
O les freres lera touz tens
Pour decepline, ce est sens.

Com faitement feront mestier
3100 Li menesterel del mostier. [LVII]

Se il a tels el mostier
Qui d'art sache et de mestier,
Oevrent en toute reverence
S'il unt de l'abé la consense;
3105 Mès s'aucun d'euls s'en orguellist
Et pour le sens del art se prist
Et pour ce que avis li est
Qu'au mostier fet aucun conquest,
Icist tels soit osté del art
3110 Si que ja puis ne le reguart,
S'il n'est humiliez itant   119 c
Que li abes li recommant.
Se l'en velt rien de lour ouvraigne
Metre a vente et a barchaigne,
3115 Guardent s'en cil quis unt a vendre
De tricherie fere emprendre.
Membrer lour doit et souvenir
De Ananie et de Saphir
Qui lour possessiuns vendirent
3120 Dont il a seint Pierre mentirent

3097 *Ms.* tuouz, u *exponctué.*

Qu'a lui voudrent celer le pris
Que il avoient pour oer pris,
Et lour chaitive receléc
Fut si chierement comperée
3125 Et fut vengie en els si fort
Qu'andui chaut pas chaïrent mort.
De cels ait bien en remenbrance
Et le mesfet et la venjance.
Que il et tuit autre ensement
3130 Qui errent tricheressement
Et boisent pour lour couvoitise
Eñ ces choses de saint iglise,
Se guardent bien d'einsi mourir
Que ne lour estuece soufrir
3135 En l'ame mort esperitel
Cum cil firent mort corperel,
Et quant la chose en fuer est prise,
N'i souzrampisse covotise;
Pour meins auques la doi[t] douner
3140 Que ne funt autre seculer,
Pour charité, pour Dié amour
Qu'en touz lors fez ait Dex honour.   *119 d*

Comment se doivent contenir
Qui en religion veut venir.   [LVIII]

3145 Cil qui vient a conversiun
De novel pour religiun,
Legierement l'entrée n'ait,

3138 *Ce vers est répété après sous cette forme :* Ni souzrampisse
couvoitise. — 3140 *Ms.* Na.

Mès si cum (il) est escrit, l'essait :

« Li esperiz soient prouvé

3150 « Se il vienent et sunt de Dé.»

Et or donc s'il en ce parmaint

Et bat et prie[r] ne se feint,

Après quatre ou après V. jors

Se l'en voit itant de ses mors

3155 Que il soufraument ait porté

Les enjure et la grieté

Que l'on li a fet del entrer

Et en sa requeste ester,

Del entrer ait dont le graant

3160 Et en la celle soit et hant

Qui as novice[s] est livrée

Et a lour sejour assinnée.

Iluec doit penser a loisir,

Iluec doit mengier et dormir.

3165 Si li doit le priour ballier

Convenable as armes gaagnier

Qui sour lui soit mout curious

Et ententis et oragous,

Se il Dieu quert en verité

3170 Et se il est en l'ueuvre Dé

Ententis a obedience,

A reproches en patience.

Tout li doit aspre et dur monstre[r]

Par quoi l'un doit a Dié aller;   *120 a*

3175 Et s'il prame(n)t amendement

3149 Li espiz, p *barré.* — 3159-3164 *La traduction est ici in-*
complète. Voici le texte latin : ... *annuatur et ingressus; et sit in*
cella hospitum paucis diebus : postea sit in cella novitiorum. —
3162 *Ms.* seignour, g *et un jambage de* n *exponctués.* — 3172 *Ms.*
Areprochos.

Parmaindre en sun proposement,
Quant il deus mois passé aura
Iceste rieule li lira
Et dira lui : « Or puez oïr
3180 « La lo[i] souz qui tü velz servir;
« Se la puez tenir et guarder,
« Entre se tu vielz entrer,
« Et se tu ne la puez tenir,
« Delivre es, sen pues partir. »
3185 S'encor esteit, lors seit menez
En la celle qu'[oïe] avez
Et soit esprové derechief,
En mol, en dur, legier et grief.
Et après sis mois acompliz
3190 La rieule oie de rehiz,
Qu'il puisse savoir et entendre
A quoi il entre a emprendre.
Et se il encore i esteit
Et de bien fere ne se recroit,
3195 Après de quatre mois l'eissue
La rieule li soit relue,
Et puis si eit conseil o se[i]
Et de la rieule et de la lei.
Se donc pramet que tout tendra
3200 Et touz commandemenz sevra,
Donc soit receüz en couvent
Et sache(nt) l'establissement
De la lei par la rieule asise
Qui doit entrer par tel devise
3205 Que dès cel jour tant com vivra

Del monstier eissir ne pourra
N'escource[r] por dur ne por mol
Le jou de rieule de sun col
Quant tant a mis a esguarder
3210 Et li list prendre ou refuser.

Et quant il reçeü sera,
En l'oratoire prametra
Devant touz de s'estableté
Et de ses mors muableté,
3215 Et que de obeir mut feins
Devant Dié et devant ses seins,
Qu'il sache s'il fet autrement
Damné sera au jugement
De celui que il escharnist
3220 Quant ce n'a solz qu'il li pramist.
Et face en sa pramessiun
Au nun des sains petitiun
Dont les reliques sunt laienz
Et au non l'abé qu'est presenz;
3225 Et o sa main mete en escrit
Si cum a sa bouche le dit
Cele soue petitiun
Se il set letres, et, se nun,
Autre por lui li escrivra,
3230 Mès si que il l'en priera
Et un signe escrivra quequel
Et mete o sa main sus l'autel.
Au metre cest vers del sautier
Doit le novice commenchier :
3235 « Reçoif moi, sire, et je vivrai

3207 *Ms.* N'escource *quod ei ex illa die non liceat de monasterio egredi, nec collum excutere...*

« Selonc tun parlement verai
« Et ne me faces confundu
« De ce que je ai atendu. »   *120 c*
Quant dit l'aura, tout ensement,
3240 Sera dit de tout le covent;
Quant trois foiz respondu l'auront
Gloria Patri ajoindrunt.
Puis seste loing a lour piez
Que d'els soit Dex por lui priez,
3245 Et lores dès cel jour present
Sera el conte del couvent.
S'il a chose, depart ancis
Et as povres et as mendis,
Ou face en communement don
3250 Au couvent et a la mesun
Si que de trestouz a sa part
Ne a sun oes(t) n'estint ne guart,
Quer de cel jour ce doit savoir
De sun cuer propre n'a povoir.
3255 Puis (si) sera despolliez et nuz
Des propres dras dont fu vestuz,
Et soit vestuz et atournez
De dras moinials ordenez;
Et les autres doit l'un poser
3260 El vestuaire pour guarder,
Que s'il aucune foiz consent
Au diablin enticement
Et voille del mostier eissir,
Que Dex nel voille ja soufrir,

3241 *Ms.* Quant trois foiz couneŭ, couneŭ *exponctué*, respondu *écrit au-dessus.* — 3244 *Ms.* Que di els soit et dels por lui priez. — 3249 *Ms.* facen. — 3254 *Ms.* De sun cuer propre *proprii corporis.*

3265 Des moniaus dras soit desposez
Et o les autres fors getez.
Pourquant cele petitiun
Qu'il fist de la promissiun
Qu'il a sa main sus l'autel mist
3270 Et li abes sus l'autel prist,   *120 d*
Ne li doit l'en pas reballier,
Eins doit el mostier estuier.

D'enfanz el mostier presentez
Qui sunt d'omes hauz et bas nez.   LIX

3275 S'aucun de tels qui sunt gentil
Offre el moustier a Dieu sun fil,
Se li vaslez a poi d'éé,
Pere et mere qui l'ont douné
Ferunt cele petitiun
3280 Dont nos avun fet mentium,
Et en tel guise oferunt :
El drap de l'autel enclorrunt
La main del vaslet a l'offrande
Sa petitiun o tout rende,
3285 Et prametrunt par serement
En la petitiun present
Que jamès a lui ce ne quei
Par persone autre ne par soi,
N'en nul maniere del mont,
3290 Del lour riens nule ne donront
Que ne li doingnent achaisun
De riens avoir contre resun,

3268 *Ms.* petitiun *exponctué*, promission *écrit à la suite.*

Ou s'il ce fere ne voudrunt
Et aucune chose oferrunt
3295 Pour lui en aumosne au mostier
Et pour avoir de Dieu loier,
Au moustier douneisun ferunt
Des choses que douner voudrunt.
Et set, s'il voelent, retenuz
3300 A els touz li proz et li fruz.
Et seient eissi estoupé
Couvoitise et fol pensé, *121 a*
Que ne remaigne soupeçons
Au vaslet ne nule achaisuns
3305 Quil deceive et face perir,
Que Dex ne velle consentir.
Ice avun veü souvent,
Apris l'avun par esperment.
Et tout ensement le ferunt
3310 Li houme qui plus povre sunt,
Et cil qui del tout n'ont noient
Viengent avant tout simplement
Et façent lour petitiun
Et lour fil o l'oblatiun
3315 Devant testemoine(s) offerrunt
Qui l'uevre et orrunt et verrunt.

Quant l'en doit prestre recevoir
Qui voelent el mostier estoir. LX

S'aucuns en ordre de prouverre
3320 Demant qu'en le veille recevre
Ens el mostier et el couvent,
Nel graant l'en trop legierement.

Pourquant s'il del tout paresteit
En ceste demande qui feit,
3325 Sache que guarder li couvient
Quanque a deciple apartient
Et tout ce qu'a la rieule apent,
Que riens n'eit del relaschement,
Qu'il soit cum (il) est escrit : « Amis,
3330 « A quel chose fere venis ? »
Pourquant li doit l'un graanter
Qu'il puisse après l'abé ester
Et beneïsse et messe chant
Mès que li abes li commant ;   *121 b*
3335 Se nun, savoir doit et entendre
Qu'en nul sens ne doit riens emprendre ;
Et sache qu'il doit obeir
Et le col souzmetre et flechir
A decepline reguler
3340 Et forme d'umbleté douner.
Se il pour ordinatiun
Ou pour aucune autre achesun
Par aventure el mostier soit,
Icelui leu esguarder doit,
3345 Quant il est el moustier entrez,
Non celui qui li est dounez
Pour reverence de proverrie
Qui doit estre amée et chierie.
E s'aucun clerc a desierrer
3350 Soi au couvent d'acompaignier
Et li abiz li soit donnez,
El moen leu soit alouez,
Pourquant s'il pramet a ester
Et reule establement guarder.

3332 *Ms.* puissent, nt *exponctué.*

3355 *Comment cil soient receü*
Moines hostes de loinz venu. LXI

Se moines de lointeins pais
Sourvient qui l'ostel ait requis·
Et velt cum [   ] habiter
3360 O le couvent et sejourner,
Se la coustume souffira
A lui del leu qu'il trouvera
Et ne trouble par son sourfait
Cels del couvent ou il est[e]it,
3365 Mès tieingne soi en simpleté
A ce que il i a trové,   *1 2 1 c*
Receü soit et i sejort,
Tant com il voudra i demort.
Et se il riens resnablement
3370 O umble charité reprent
Ou moustre ou en dit ou en fet,
Li abes cointement entreit,
Si s'en pourpenst en sun avis
Que Dex ne l'ait pour ce tramis.
3375 Et se il puis a volenté
De fermer sun estableté,
Tel volenté ne tel talent
Ne refust l'un et mesmement
Pour ce q'un puet savoir sa vie
3380 El tens de sa herbegerie.
Et s'el tens qu'il est ostelé
Est sourfaiz ou vitious trové,
Lors doit estre non soulement
Remuez del cors del couvent,
3385 Mès honestement li soit dit

Qu'il s'envoist et mès n'i abit,
Que(r) del vice dont il est soupris
Ne soient li autre maumis.
Mès s'il n'est pas itex trouvez
3390 Qu'il deserve estre fors getez,
Non soulement s'il le requiert
Au couvent acompaigniez iert,
Ainz li doit un amounester
Que il veille ovec cels entrer
3395 Et par l'essample de sa vie
Soit aprise la compagnie,
Et pour ce qu'en tous lieus, ce croi,
Sert l'un un seignour et un roi.   *121 d*

Pourquant se l'abes aperçoit
3400, Que cist tex et tant vallant soit
Auquetes le puet alever
Et en plus sovrein leu louer,
Et li abes puet ensement
Nen ne moine soulement
3405 Mès des devanz escriz degrez
Prouveires clers qu'avun noummez
En greinour lieu metre et lever
Qu'en cel ou il sunt a l'entrer,
Se li abes entent et veit
3410 Que lour vie tant disne soit.

Mès li abes de ce se guart
Que nule feiz ne tost ne tart
D'autre couneüe abeie
Ne prenge moine en sa mestrie,
3415 Se sun abe ne l'agraante
Ou par ses letres li commande.

Ce que ne vel ne face a tei
Ne fere a autre, c'est en lei.

Ci dit des prestres del mostier
3420 *Que ne s'enflent por haut mestier.*   LXII

S'aucuns abe prie et requiert
Quant se devient mestier li ert
Que prestre a lui soit ordenez
Ou diacre, soit esguarde[z]
3425 Et esliz de sa compaignie
Qui digne soit de proverrie,
Mès guart se cil est ordenez
Qu'il n'en soit orguellous n'enflez,
N'enpreigne riens se de l'abé
3430 Ne soit enjont ne commandé,   *122 a*
Ains sache que il est souzmis
A la rieule ou il est pris;
Et pour l'ordre rieule n'oublit,
Mès plus et plus en Dié proufit.
3435 Et ice lieu esguart touz dis
Qui sorti li fu et asis,
Quant primes entra el moustier,
Estre del autel le mestier,
Ou s'il plest a eslectiun
3440 De cele congregatium
Que par le conseil del abé
Qui talent eit et volenté
De lui pour s'ame avancier

3435 *Ms.* Et icelui, *Locum vero illum.*

Pour sa merite eshaucier.

3445 Et pourquant nen oublit il mie
La reule a soi establie
De ses deiens ou ses priors,
Qu'il la sache guarder touz jors;
Et se il le fet autrement

3450 Et de presuptiun emprent,
Ne soit dunc pas prestre vouchiez
Mès rebateillierres jugiez,
Et soit amounesté souvent;
Et s'il n'i met amendement

3455 Li evesques soit ajoustez
Et a testemone apelez.
Et s'il encor n'est amendanz
Et ses coupes sunt parissanz,
Si soit hors jeté del couvent,

3460 S'il est tant pourvers nequedent
Qu'il ne veille rieule tenir,
N'estre sougiz ne obeir.   122 b

Comment ordre garder devront
Qui en congregation sunt.   LXIII

3465 Touz tiengent lour ordre en couvent
Et guardent einsi fermement
Cum tens de lour conversiun
Fera entre els discretiun,
Cum lour vie deservira

3470 Et li abes establira.

3450 *Ms. Et te.* — 3465 *Ms.* tienient, *le second i exponctué,* g
écrit au-dessus.

Qu'il s'en guart que ne soit troublez
Le fous qui li est commandez,
Ne riens n'ordeinst sans equité ;
Tout ait il franche poosté;
3475 Mès penst touz tens que il rendra
De quanqu'il ounques jugera
Et de ses oevres ensement
A Dieu resun au jugement.

Sunc l'ordre donc que chascun a
3480 Et que l'abes establira
Irunt si sanz confusiun
A pais et a communium,
Et deivent le seaume emposer
Et en tel ordre en cuer ester.
3485 En nul lieu n'iert avant éez
N'en ordre ne sera guardez,
Quer li prophetes Samuel
Et li amis Dié Daniel
Jugierent en lour vasletages
3490 Les proveirres, tant erent sages.

Or donc trestouz soient einsi
Cum en l'ordre sunt converti,
Mès icels freres fors partuns
Lesquels, si cum nous dit avuns,   *122 c*
3495 Li abes a plus haut degré
Par haut conseil aura levé
Ou cels qu'il voudra desgraer
Par certeine achaisun moustrer,
Cum cist essample moustrera
3500 Que cil qui a l'ordre vendra
En la seconde oure del jour

Tenu sera por jovenour
De celui qui a l'oure vint
Quant la prime oure del jour tint,
3505 Ja ne soit il de tel éé
Ne ja n'et il tant digneté.
Mès li vaslet ou que il sunt
De touz decepline tendrunt.
Et icil qui sunt jovenior
3510 A lor priour portent honour,
Et qui [en] l'ordre sunt prior
Le[s] gembles aient en amour.
Quant li un l'autre apelera
Par sun nun pas nel nummera,
3515 Mès li priors apelerunt
Freres qui lour jovenors sunt ;
Li jemble a lour prior nummer
Au nun doivent nunne joster ;
C'est reverence paternex
3520 Quar li entendemens est tex.
Mès li abes qui est vicaires
De Jesu Crist en ses afaires,
Danz et abes apelé soit,
Non que por sa prise i a droit,
3525 Mès pour reverence et honour   *122 d*
Et pour la Jesu Crist amour ;
Et ait en conseil tel valour
Qu'il soit disnes de tel henour.

O qu'il s'encuntrent nuit et jour
3530 Li jembles enclint al priour ;
Quant le greignour trespassera
Le gemble encontre levera,

3684 *Ms.* vint, v *exponctué,* t *écrit au-dessus.*

Et de ce ne se face escheu
Que de sooir ne li doinst leu.
3535 Ne sieche o lui li jovenors
Se nel commande le greignour,
Que ce que est escrit soit fet :
« Chascun de nous d'autre ennour eit. »
Qui vaslet ou jouvencel sunt
3540 Lour ordre premerein seurront
O decepline et au mengier
E el cuer el devin mestier ;
Et hors et ens ou que que soient
Guarde aient que ne se desroient
3545 De descepline desqu'a tant
Qu'il soient cointe et entendant.

Ici nos veut endoutriner
Cum ert de l'abé ordener.   LXIIII

Quant l'un doit abé ordener,
3550 Touz tens doit l'un ce esguarder
Que cil soit abes establiz
Qui seronc Dieu sera esliz
De tout ensemb[l]e le couvent
Qu'il voelle concordablement,
3555 Ou de la partie greignor   *123 a*
Ou plus sein conseil et mellor.
Cil qui ordenez estre deit,
Por merite de vie soit
A ce esliz et por savoir,

3543 *Ms.* devir. — 3538 *Ms.* neit, *honore invicem prævenientes.*
— 3545 *Ms.* Et desceplire.

3560 Por doutriner qu'il doit avoir ;
Par tens doit estre esliz enteins
S'il est en l'ordre deerreins.
Et se tot le covent eslit
A une voiz sanz contredit
3565 Tel qui a lor vices consent,
Que ja ne soit Dex tot deffent,
Se lor vices sunt acointié
A l'evesque del eveschié
Oú as abés qui ce orrunt
3570 Ou crestien qui voisin sunt,
Deffendent as malvès sanz falle
Que li consens d'els riens ne valle
E facent a la meson Dé
Digne ordeneor digne abé.

3575 Quant ordenez est, penst toz dis
Quel charge il a sor soi pris
Et a qui il raison rendra
De la ballie que il a ;
Et sache bien que profitier
3580 Li estuet plus que mestrier.
Estuet que il soit doutrinez
En loi devine et enformez,
Qu'il mostrer sache et ait de quei
Et la novele et la viez loi ;
3585 Et chaste et sobre et mesurable
Li estuet estre et merciable,   *123 b*

Après 3574, lacune ; voici le passage latin dont la traduction
manque : *scientes pro hoc se recepturos mercedem bonam, si illud
castè et χelo Dei faciant : sicut e diverso peccatum, si negligant.*
— 3578 *Ms.* De la batalle *et cui redditurus est rationem villicationis
suæ.*

Et toz dis quant jugera dreit
Misericorde plus haut seit.
Merciable soit a autrui
3590 Que Dex merci reface à lui.
Envers ses vices ait haor,
Envers ses freres ait amor.
En meesme son chastiement
Le face einsi cointement
3595 Que trop ne face ne sorfet ;
Quant que trop est a vice tret ;
Quar qui trop le roil voudra
Esrere, li vesseaus freindra ;
Et la soe fragilité
3600 Esgart toz dis en son pensé ;
Esguart que chalemeaus quassez
Ne doit pas estre deffolez.
Et ne di pas en cest respit
Qu'il norrir les vices otrit,
3605 Mès o cointise et charité
Recouper doit l'emfermeté,
Selonc ce qu'il voit que profit
A chascun com nos avon dit.
Plus estudit qu'il soit amez
3610 Que estre cremuz et doutez.
Ne soit trobles ne angoissous,
Sorfaiz, endurcis ne gelos,
Ne trop sospeços ne sera,
Car ja pais ne repos n'aura.
3615 Et quant il fera ses commans
Porgart s'en et soit porveanz
Et les ovres qui enjoindra,   *123 c*

3598 *Ms.* li vesseaus fundra, fundra *exponctué*, freindra *écrit à
la suite.*

Quel que soient, quant ce avendra,
Ou selonc Dieu esperitel
3620 Ou selonc siecle et corporel
Par coseil le doit deviser
Et par resun amesurer;
Et la discretium n'oublit
De seint Jacob qui einsi dit :
3625 « Se je mes foucs faz plus aler
« Et en alant plus labourer,
« Par l'aler trop et le labour
« Mourrount trestouz en un sol jor. »

Cest testemoines que disuns
3630 Et autres assez que trovons
De mesure et de discretiun
Qui mere des vertuz a nun
Doit prendre et selonc ce ovrer
Et toute rien si atemprer
3635 Que li fors ait qu'aut conveitant
Et le fiebles n'aut refuiant.
Et iceste rieule present
Par trestout gart meesmement,
Qu'il puisse par sun bien servir
3640 De nostre seignour ce oïr
Que li buens sers ot qui forment
A ses consers en tens despent.
Il dit qui ounques ne menti :
« Veraiement a vous le di :
3645 « Sour touz ses biens ert establiz ;
« De ce soit bien seürs et fiz. »

3635 *Ms.* que aut. — 3646 *Ms.* seurs, r *écrit au-dessus de la ligne.*

Ce dit que prior soit posé
El mostier al voloir l'abé.   LXV

Avenir selt et trop souvent   1 23 d
3650 Que sourde(nt) par ordenement
De priour q'un selt ordener
Esclandle qui soloit grever,
Quant aucuns enorguelliz sunt
Par maling espirt que il unt,
3655 Qui quident bien en lour pensé
Que il soient secunt abé
Et prennent tyrannie en soi,
Nourrissent esclandle et desroi,
Et funt es congregatiuns
3660 Et scismes et dissentiuns,
Et en ces leus meesmement,
Qui ont tel establissement
Que li priour sunt ordené
De cels qui ordennent l'abé.
3665 Cum ce absorde chose soit
Chascun de legier aperceit,
Quar pour itel commencement
Qu'il unt de lour ordenement
Achasun prennent et escuel
3670 Et matire de lour orguel,
Quer ce creent or lour pensez
Que chascuns d'els est delivrez
De trestoute la poesté
Que en els avoit lour abé,
3675 Pour ce que cil qui abé firent
Les priors meesme establirent.

3656 *Ms.* Quil. — 3659 *Ms.* congregatius.

De ce sourdent et sunt nourries
Detractiuns, tençuns, envies,
Estris et emulatiuns,
3680 Discordes et discensiuns.
Quant li abes et li priors   *124 a*
Unt entre soi contreire mors,
Les ames d'els en peril sunt
Par la dissentiun qu'il unt,
3685 Et lour sougez revunt perir
Par losengier por els plesir.
Cest grand peril et cest mal grief   *i*
Regardent en els en chief
Qui a tels se firent autors
3690 Quant les ordenerent priors.

Pource volun si pourveoir
Que proufetier doit et valoir,
Pour pais et charité guarder,
Que li abes doit ordener
3695 Tout par sun propre jugement
Et sun moustier et sun couvent,
Et quanque au moustier apent,
Cum dit avun, se estre puet,
Par deens ordené sera
3700 Cum li abes ordenera,
Que un sol orguellos ne soit
De ce q'un a plusors concreit.
Mès se le lieu a qui afiert
Ou se le couvent le requiert
3705 Resnablement o umbleté

Qu'il aient premier ordené,
Et li abes juge et veit
A pro torner et a esploit,
Quiconques l'abes eslira
3710 Par conseil des freres qu'il a
Qui de Damedieu unt poor,
Ordent il meesme prior,
Qui o reference fera   124 b
Ce que li abes enjoindra
3715 Ne riens contre la volenté
Ne l'ordenement de l'abé,
Quer tant cum il a mis avant
D'autres, lui si estuet de tant
Guarder plus curiousement
3720 La rieule et sun commandement.
Et s'il est trouvé vitios,
Ou soit et fiers et orguellos,
Ou seinte rieule despira
Et de ce cumprové sera,
3725 Amounesté soit quatre foiz
Par parole, quer ce est droiz,
Et s'il n'i met amendement
Ajoinst i l'un un chastiement
De decepline reguler ;
3730 Et si nel velt amender
Soit si del ordre aval getez
Que mais ne soit priors nummez,
Et autre qui disne sera
Li abes en sun lieu metra.
3735 Se puis nel voit l'un en couvent
Paisible ne obedient,

3715 *Ms.* Ne contre riens, contre *exponctué.*

Nis del mostier soit hors boté ;
Mès li abes soit pourpensé
Qui de ses jugemenz rendra
3740 Resun a Dieu quant jugera
Que s'ame n'arde de chalor,
Vers lui d'envie ou de haor.

Ici nos enseigne el mostier
Del que l'en doit faire portier.   LXVI

3745 A l'us del mostier soit posez   *124 c*
Un vellars sages et senez
Qui sache bien resun entendre
Et a reson bien respuns rendre,
Qui soit de meürté si grans
3750 Qu'il n'aut ne cha ne la vacans.
Cist doit jouste la porte avoir
Sa celle ou il doit seoir,
Quel truissent prest cil qui vendrunt
Qui de lui respuns recevrunt.
3755 Et si tot cum aucun batra
Ou aucuns povres criera
Responde *Deo gratias*
Et beneïsse(nt) lui chaut pas
Et responde(nt) hastivement
3760 Et tout souef et bonement
O la poour de Damedé
Et o fervor de charité.
Et s'au portier aïde estuet
Un jone frere avoir puet.

3739 *Ms.* iuiemenz. — 3761 *Ms.* de ch Damedé, .ch *exponctué.*

3765 Li mostiers doit si estre asis
Se estre puet, en mien avis,
Que quant qu'estuet, eve et molins,
Comme cortilz, comme pestrins,
Ou les arz de divers mestier
3770 Seient el porpris del mostier,
Que n'estuece as moines defors
Vaier por traval de lor cors,
Car li vaiers n'est covenables
Ne a lor ames profitables.
3775 Ceste reule volon sovent
Que leüe soit en covent,
Que nuls des freres escusance   *124 d*
Ne puisse avoir por ignorance.

Comment contenir se devront
3780 *Freres qui hors envoiez sont.*   LXVII

Li frere qui voiage a fere ont,
Al eissir se commanderont
A l'oreison de toz les freres
Et del abé qui est lor peres ;
3785 Et toz dis quant l'ovre Deu font
De toz iceus qui hors serunt
Facent commemoration
A la deerreine oreison.
Et quant d'eirre retorneront,
3790 En cel jor qu'il repaireront,
A chascune hore reguler,

3766 *Ms.* en nul avis. — 3769 *Ms.* mestiers, s *exponctué.* —
3783 *Ms.* Al   ssir, *grattage.*

10

Quant l'en doit l'evre Deu finer,
En coer estendu a la terre
De toz deivent oreison querre
3795 Por lor excès, por lor trespas,
Se riens en l'eirre ont fet li las,
En mal oïr, ou esgarder
Ou en oisdiveté parler.
Ne cont nuls as autres noient
3800 Tant com il est hors de covent
De quant qu'il verra ou orra,
Quer grant destrucion i a.
Et s'il enprent fere autrement
Sozgise a reuler vengement.
3805 Tot autresi cil qui enprent
Eissir del cloistre de covent
Ou qui a quelcunques leu vet
Ou qui a aucune chose fet,
A si petite ne sera,   *125 a*
3810 Se de l'abé congié n'en a.

S'aucun frere fès enjoint soit
Trop grief, bel escondire se doit.   LXVIII

Quant tele aventure avendra
Que l'on a aucun enjoindra
3815 Ou chose qui li semble grief
Ou dont ne puisse traire a chief,
Receive bien del commandant
La proiere et le commant

3809 A si petite ne sera, *quamvis parvum.*

O toute debenereté,
3820 Obedience et souefté.
Et s'il veit les fez sourmunter
Sa force et nel puisse porter,
Entendre face et savoir
L'achesun de sun nunpooir
3825 A sun prelat tout souframent.
Et bel et convenablement,
Non par orguel en contristant;
Ne par estrif contredisant,
Et se, puis que moustré l'aura,
3830 Le priors pardurer voudra
En sa sentence et sun commant
Que il veille qu'il aut avant,
Sache li joindres fere estuet
Ce qu'autrement estre ne puet,
3835 Et se fit en l'aïde Dé
Et obeïsse en charité.

Ici deffent que n'ost enprendre
Li uns moines l'autre deffendre. [LXIX]

Chascun de ce guarder se doit
3840 Que par nule achesun qui soit
Ne puisse ne nen ost emprendre   *125 b*
Li uns moines l'autre deffendre
Ou coinses garantir en couvent,
Tant soient il prochein parent.
3845 Ne soit empris en nul endroit,
Grief esclandle sourdre en porroit.

Et s'aucuns le fet autrement,
Soit chastiez molt egrement.

Ici deffent que li uns l'autre
3850 *Empreigne a ferir n'a batre.* [LXX]

En couvent chascune achesun
Soit véé de presumptiun.
Ordené soit et establi
Que nuls n'eit congié si ne si
3855 Nul des freres escumengier,
Ne ferir ou batre ou blecier,
Se cil nun qui la poesté
A receü de sun abé.
Mès li freres qui mefferunt
3860 Devant touz chastié serunt,
Que tuit li autre qui ce voient
De si meffere en poor soient.
Mès trestuit tiengnent les enfanz,
Desqu'aient compli quatorse anz,
3865 O diligence en decepline
Et guarde soit a els voisine.
Mès de ce fere preingnent cure
O toute resun et mesure,
Quer qui en cels de fort éé
3870 Sans commandement de l'abé
Fera en rien presuntiun,
Ou se il sanz discretiun
As enfanz se corocera,   *125 c*
A decepline sozjerra,

3856 *Ms.* batro, o *exponctué,* e *écrit au-dessus.*

3875 Itel com en la reule est dit
Porce qu'en la loi est escrit :
« Ce que ne veus qu'a toi soit fait
« A autre ne faire en nul plait. »

Que soient bien obedient
3880 *L'un frere a l'autre ci aprent.*   LXXI

Li frere doivent tuit tenir
A l'abé le bien d'obeir,
Et non à l'abé solement,
Mès entre soi tot ensement ;
3885 Et sachent que par obeir
La voie a Deu deivent tenir.
Or metons donc toz tans avant
La volenté et le commant
De l'abé et de ses esliz
3890 Qui il a priors establiz,
Et ne volon pas graanter
Privez commanz avant aler ;
Mès de sor toz li jovenior
Obeissent à lor prior
3895 Tot en amor, en charité,
O tote curiosité.

Et se aucuns i est trovez
Estrivos, soit bien chastiez.
S'aucuns est chastiez a droit
3900 En quel maniere que ce soit
De l'abé ou quelque prior

Por quelconques petite error,
Ou se il nis legierement
Envers lui lor corage sent
3905 Ou corecié ou commeü,　　　*125 d*
Ja ne li soit tant poi neü,
Sanz demore tot enranment
Estende soi tant longement
Et gise a terre a ses piez tant
3910 O satiffation faisant
Desque cel ire soit sanée
Et beneiçons li soit donée.
Et se il ce faire despise
A toz por tel peine sozgise
3915 Et se il desdeignos sera,
Hors del covent boté sera.

Dous manieres sunt d'envie
Si a moine la bone envie.　　　LXXIL

Une amere est et male envie
3920 Qui de Deu deseivre et deslie
Et meine a enfer et a mort,
A duel sanz fin et sanz confort.
Bone envie est ensement
Qui des vices fait seivrement
3925 Et meine à Deu l'esperitable
A vie, a joie pardurable.
Ceste envie doivent user
Li moine et ardamment amer :
C'est qu'entre soi aient amor

3929 *Ms.* aiant, e *écrit au-dessus du second* a.

3930 Et chascun port à l'autre honor.
Les maus dedenz, les maus dehors
Soef soffrir des maus des tors.
A soi seient obedient
Chascun al autre estrivamment.
3935 Nuls ne seve le suen profit,
Mès plus ice que l'autre aït.
Chierté frarrine et chaste amor   *126 a*
En soi aient, Deu a poor.
Amor aient a lor abé
3940 En pure et humble charité.
Ne metent avant Jhesu Crist
Nul chose qu'il onc fesist.
Il nos pramet communement
A la vie qui fin ne prent.

3945 *Ceste reule tot ne comprent*
L'ordre qui a moines apent.   LXXIII

Ceste reule descrite avons
Par ce que nos mostrer volons
Que de vivre ont commandement
3950 Cil qui la gardent en covent
Ou auquetes ont d'onesté
De loable moralité,
Mès qui haste a perfection.
De seinte conversation.
3955 Nos avons de nos peres seinz
Lor doutrine(s) qui furent einz
Qui parmeine a perfection

L'omme quis garde par raison.
Quer quex livres ou quex sarmons
3960 Ou quels traitiez ou quels leçons
De nule auctorité devine,
Ne de trestote la doutrine
De novel et viez testament
Ou tot le sens del mont apent,
3965 Est qui droite reule ne soit
De mener vie humaine a droit?
Quels livres est eccclesiaus
De seint peres universaus
Qui ce ne sunt qu'a dreit corons   *126 b*
3970 Qu'a nostre criator vengons?
Ensorquetot collations
Avons et institutions
Et la vie que demenérent
Li pere qui devant nos érent,
3975 Et la reule de seint Basile
Qui de bien faire nos afile.
En toz ces escriz n'est riens enz
Fors des vertus les instrumenz
Des moines faire bien vivanz
3980 Et faire nous óbeissanz,
Mès vergoigne et confusions
A nos se malement vivons,
Se pereços somes et lenz
Et de bien faire negligenz.
3985 Et que quiconques veut haster
Et al païs celeste aler
Par foi, aidant Deu Jhesu Crist
Qui le boen corage en toi mist,
Iceste reule mult petite
3990 De boens commandemenz descrite;

Et puis a la parfin vendras
Par Deu qui a garant auras
A celes hautesces greignors,
Qu'avons menbré des seinz doutors
3995 De lor doctrine et des vertuz
Par qui seras parfiz rendus;
A cels qui ces choses feront
Reigne durable aoverront.

La reule selonc le latin
4000 *En romanʒ mise ci prent fin.*

ABRÉVIATIONS

adj..... adjectif.
adv.... adverbe.
att..... attribut.
conj.... conjonction.
f....... futur.
imp.... imparfait.
impér.. impératif.
ind.pr.. indicatif présent.
num.... numéral.
p. d.... passé défini.
p.-ê.... peut-être.
pl...... pluriel.
p. p... participe passé.
p. pr... participe présent.
prép... préposition.
pron... pronom.
r. pl... régime pluriel.
r. s..... régime singulier.
s....... singulier.
s. s..... sujet singulier.
subj. pr. subjonctif présent.
subst... substantif ou substantivement.
v....... verbe.
V...... voir.

Dans l'indication des verbes. *1, 2* et *3* placés avant *s.* et *pl.* signifient 1re, 2e ou 3e personne.

GLOSSAIRE

A 727, *il y a.*

A, *prép.* 18, 48, *etc., à ;* 1462, *pour ;* 1935, *avec.*

Aapter 498, *adapter.*

Abba, *mot hébreu,* 352, *père.*

Abes, *s. s.* 341, 354, *etc., abbé ;* abé, *r. s.* 21, 63, *etc ;* abés 3569 ; abé, *s. s.* 3674 ; abe *ou* abé, *s. s.* 419, 3415, 3674.

Abiter 228, *habiter; ind. pr. 3 s.* abite 1172 ; *subj. pr. 3 s.* abit 3386.

Abitor 226, *habitant.*

Accide 2734, *paresse.*

Achaison 515, 668, *etc., cause, occasion, motif ;* achaisoun 2515, 2282 ; achaisun 2989 ; *etc. ;* achaisuns, *s. s.* 3304 ; achesun 418, 3342, *etc.*

Acointier, *faire connaître à ; subj. pr. 3 s.* acoint 2808 ; *p. p.* acointié 3567.

Acompaignier 3350, *s'associer à ; subj. pr. 3 s.* s'acompainst 2526 ; *p. p. s.* acompaigniez 3392.

Aconte (rendre) 533, 2058, *rendre compte.*

Acorder 1676, *s'accorder.*

Acostuméement 1650, *habituellement.*

1 Acreüe 501, *augmentée.*

2 Acreüe 1884, *confiée.*

Adès 1442, 2575, 2682, *toujours.*

Adonc 1231, *alors.*

Adrecié, *p. p.* 1126, 2095, 2527, *redressé, corrigé ;* adreciez 1908, 2742.

Aemplir 990, *remplir, accomplir; ind. pr. 1 pl.* aemplissons 708.

Aesier 3067, *mettre à l'aise.*

Aferir, afferir, *convenir, concerner, appartenir; ind. pr. 3 s.* afiert 1994, 3703 ; affiert 1112 ; *ind. imp. 3 s.* afereit 3078 ; *fut. 3 pl.* afferront 1629.

Affit 1697, 2207, *affection, désir, ʒèle;* afit 2207.

Afiler, *préparer, conduire à ; ind. pr. 3 s.* afile 3976.

Afoler, *endommager, gâter ; subj. pr. 3 s.* afout 1936 ; s'afoler, *se faire du mal ; subj. pr. 3 s.* s'afolt 1876.

Afuere 730 ; *ind. pr. 3 s., tarde* (?) —*Des sens divers reconnus au v.* aforer (V. GODEFROY) *aucun ne convient ici.*

Agraanter, *avoir en gré, consentir; ind. pr. 3 s.* agraante 3415.

Agraventé, *p. p.* 2898, *couché à terre.*

Agrei 2929, *matériel, mobilier.*

Agrevance 2468, *tourment.*

Aguille 3069, *aiguille.*

Ahans *s. s.* 1159, *peine, labeur ; r. s.* ahan 2768, 2936.

Ahenner 2695, *se fatiguer.*

Aïe 299, 338, *aide.*

Aïns 2377 ; ainz 223, 454, 501, 636, 1011, 1767, 3393, *plutôt, au contraire ;* ainz 702, *avant ;* ainz que 149, 867, 1251, 2287; einz que 1485, *avant que ;* ains 2891, *avant que.*

Ainsnez 2335 ; ainz nés 1751 ; ainznez 591, 697, *aînés.*

Ainzjornées 1218, *point du jour.*

Aïrez 112, *att. s. irrité.*

Ajencer, *orner, disposer ; ind. pr.* 3 *s.* 39, 96.

Ajoindre, *ajouter ; subj. pr.* 3 *s.* ajoinst 3728 ; *fut.* 2 *pl.* ajoudrez 1326 ; 3 ajoindrunt 3242.

Ajostance 534, *surcroît.*

Ajostement 522, *surcroît.*

Ajouster 2325, *appliquer, ajouter ; subj. pr.* 3 *s.* ajost 1927.

Al 63, 78, *etc., au.*

Alcun 98, 645, *quelque.*

Aler 62, *etc., aller ; ind. pr.* 1 *pl.* alons 251 ; *impér.* 1 *pl.* alon 335 ; *subj. pr.* 3 *s.* aut 550, 2517, *etc. ;* 3 *pl.* allent 2417, 2536.

Aliens 621, *étranger à.*

Allors 831, 925, 1033, *ailleurs.*

Alouez 3352, *placé.*

Ambes deus 2673, *l'un et l'autre.*

Amender 253, 676, *etc., devenir et rendre meilleur ; subj. pr.* 3 *s.* ament 1791, 2064, *etc.*

Amenuisier 1801, *diminuer.*

Amer 103, 603, *etc.* aimer ; *subj. pr.* 3 *s.* aint 695, aint, 414 433, 617, 988.

Amesurer 3021, 3622, *mesurer ; p. pr.* amesurant 2417 ; *p. p.* amesurée 1211.

Amonestement 74, 180, *avertissement, réprimande ;* amonestemenz 81, 1920.

Amonester 355, 494, 834, *avertir, réprimander ; avec un nom de chose pour régime, faire connaître, suggérer ; ind. pr.* 1 *pl.* amonestons 1680.

Amont 885, 967, 1673, *en haut ;* 1560, *plus haut, précédemment.*

Amordre 2293, *engager, exciter.*

Amunter, *se monter à ; ind. pr.* 3 *s.* amunte 1600.

Anceis 2560, *avant ;* ancis 3247.

Anceisour 2700, *ancêtres.*

Anceles 15, 59, *servantes.*

Ancienors 1868, *anciens, vieux.*

Andous 468, *tous les deux ;* andui 757, 3126.

Anemie 2665, *ennemie.*

Angeles 1674, *anges.*

Angoissos 54 ; angoissous 3611, *inquiet, tourmenté ;* angoissous 666, *pris d'un désir inquiet de.*

Angre, *s. pl.* 919, 971, 1669, *anges* ; angres, *r. pl.* 879.

Anmes 1886, *âmes.*

Announe 2301, *ration* ; anone 2028, 2163.

Aourer, *adorer; subj. pr. 3 pl.* aourent 2899.

Aovrir, *ouvrir; f. 2 pl.* aoverront 3988.

Aparellier 157, 231, *apprêter, préparer; subj. pr. 3 s.* s'apareut 527 ; *p. d. 3 s.* aparella 716.

Apeler 161, 893, *appeler; subj. pr. 3 s.* apeaut 556, 591.

Apendre, *appartenir à, dépendre de; ind. pr. 3 s.* apent 434, 1962, 1976, 2364, 2967, 3327, 3697, 3946, 3964.

Apertement 854, *ouvertement.*

Aperz 276, *clair, manifeste.*

Apostolien 2000, *apostolique.*

Aprendre 13, 70, *etc.* ; *ind. pr. 1 pl.* apernon 943 ; *subj. pr. 3 pl.* aprengent 2724.

Apresser, *s'approcher : subj. pr. 3 s.* aprest 1832.

Aquelli, *p.p.* 1789, *réprimandé.*

Ardre, *brûler; subj. pr. 3 s.* arde 1754, 3741.

1 Armes 3166, *âmes.*

2 Armes 95, *armes.*

Arrei 1740, *mobilier.*

Arriere 1294, 1430, *auparavant, ci-dessus;* ariere (*mettre*) 2486, *postposer.*

Arroser; *subj. pr. 3 s.* arrost 359.

Art 706, 2622, 2760, *art;* arz 3769.

As 74, 233, *etc., aux.*

Aseurer (s'), *se rendre compte* ; *ind. pr. 3 s.* 538, s'aseüre.

Asquens 2345, *un peu.*

Assener 1636, *diriger, régler;* *p. p.* assenez 592.

Assens 551, *assentiment.*

Asseoir, *établir* ; *p. p.* asis 1624; 2496, *etc.* ; assise 210, 2028 ; asise 2788, *etc.,* asises 2650 ; s'asseoir; *f. 3 pl.* s'aserront 1297, s'aserrount 2432.

Assise 2341, *règlement;* d'assise 2163, *d'après la règle.*

Astenance 2791, *abstinence.*

Astenir 2448, *s'abstenir ; subj. pr. 3 pl.* s'atiegnent 2223.

Atant 2594, *alors.*

Atemprer 3634, *mesurer, régler;* *p. p.* atemprée 1212.

Atenir 20, *tenir, observer.*

Atorner, *attribuer ; subj. pr. 3 s.* atort; *p. pr. attr. s.* atournez, 3257, *habillé, costumé.*

Atrait, 2491, *traîné en longueur.*

Aucunui 2464, *cas oblique d'aucun.*

Aumere 2725, *bibliothèque.*

Auquens 2457, *un peu.*

Auques 1201, 1499, 2035, 3040, *un peu.*

Auquetes 3401, 3951, *quelque peu.*

Auqun 2556, *quelqu'un.*

Aüs 412, *habitué à.*

Aut. *V.* Aler.

Autresi 1225, 1380, 2388, 3805, *également.*

Autretant 1278, 1545, *autant, également.*

Autretel 1452, *également.*

Aval 2494, 3731, *en bas.*

Avancemenz 2444, *avantage.*

Avancier 3443, *avantager ; p. p.* avanchié 8.

Avant, *prép.* 622 ; *adv.* 49, *davantage ;* 527, *auparavant ;* 335, 1353, 1493, 1546, *en avant, en continuant ;* en avant 1443, 2518, 2530, 2720.

Avantir 2244, *devancer, prévenir.*

Avenir 3649, *arriver; ind. pr.* 3 *s.* avient 547, 659, *etc. ; subj. pr. 3 s.* aviegne 1344 ; *fut. 3 s.* avendra 1345, 2427, 3618, 3813.

Avespri *p. p.* 1468 ; quant ert avespri, *quand il se sera fait tard.*

Avis 564, 1629, *etc. ;* avir 1646, *avis* (rime).

Aviser, *regarder; ind. pr. 3 s.* avise 1663.

Avoiées, *p. p.* 30, *dirigées.*

Avoutire 606, *adultère.*

Baillie 1887, *charge, pouvoir ;* ballie, 1712, 2038, 2954.

Ballier 3165, *livrer, donner ; ind. pr. 3 s.* balle 2060 ; *subj. pr. 3 s.* baut 2051 ; *f. 3 s.* ballera 2157.

Barchaigne 3114, *marché, trafic.*

Bastiz *p. p.* 2033, *préparé ;* bastie 906.

Beisier 2889, *baiser, salut.*

Belement 1135, *doucement.*

Beneiçon 1520, 1847, 2187, *bénédiction ;* beneiçons 1359, 3912; beneiçoun 2182, 2265, 2965; beneichon 1243, 1318.

Beneir *bénir ; subj. pr. 3 s.* beneie 2601 ; beneïsse 3333, 3758; *3 pl.* beneïssent 2379 ; benesquissent 1056 ; *p. p.* beneez 2179.

Berbiz 369, 1026, 1941, *brebis.*

Berchilz 313, 314, *bercail.*

Bessant *p. pr.*, 2888, *baisant.*

Bessement 883, *abaissement.*

Blandir 494, *caresser.*

Blandissemenz 442, *caresses.*

Boen 21, 98, *etc., bon ;* boens 138, 156, *etc.*

Boisdie 144, 625, *tromperie.*

Boisier, *tromper ; ind pr. 3 s.* boise 176 ; *3 pl.* boisent 3131.

1 Boivre, *verbe,* 2341, 2553, 2791, *boire; subj. pr. 1 pl.* bevoun 2369 ; *p. pr.* bevans 2272.

2 Boivre, *subst.* 2801 ; *breuvage :* boivres 2164.

Bot (tot de) 2080, *tout droit.*

Boté 3737, 3916, *poussé.*

Brahel 3068, *ceinture.* — Brahel *est la traduction de* bracile. *V. sur ce mot le Glossaire de* DU CANGE. *Les Bénédictins n'étaient pas d'accord sur l'identification de cette partie de l'habillement.*

Brief 1283, *court ;* brieve 1694.

Briement 2283, *brièvement ;* briefment 1700.

Buens, 3641 *bon ;* buen 2268.

Cel 136, 683, *etc., ce ;* cels 57, 115, *etc. ;* ceuls 1849, 1903 ; ceus 36o, 451, *etc. ;* cele 35, 876, *etc. ;* celes 1313.

Celer 3121 ; *subj. pr. 2 s.* ceile 1062 ; *p. d. 1 s.* celai 379, 1074 ; *p. p.* celés 1867 ; a celé 1869, *en secret.*

Celle 2210, *etc., cellule ;* celles 325.

Ceine 1823, 2416, *etc., dîner.*

Cener, *v.* 2315, 2317, *dîner ; subj. pr. 3 pl.* ceinent 2388 ; *f. 3 pl.* cenerunt 2320.

Cerchier 325, *chercher ; p. p.* cerchanz 924 ; cercier, 3053, *visiter.*

Cert ; por cert 531, 657, *certainement.*

Certe *adj. f.,* 435, *certaine.*

Certement 2437, *du moins.*

Cest 73, *etc., ce ;* ceste 151, *etc. cette ;* cestes 1305.

Ceus 23o, *cieux.*

Cha, *ça ;* cha ne la 3750, *çà et là.*

Chaitif 1870, *faible, malheureux ;* chaitive 3123.

Chaitiveté (*V. en note*), 334, *faiblesse.*

Chalemeaus 36o1, *chalumeau.*

Chalenge 2554, *blâme.*

Chalengiez, *p. p.* 2741, *blâmé.*

Chaoir 209, *choir ; subj. pr. 3 s.* chiece 2590 ; chée 66o ; *p. d. 3 pl.* chaïrent 3126.

Char 914, 1838, *etc., chair.*

Charchié *p. p.,* 2458, *chargé.*

Charnel 677, 714 ; charneus 913 ; charneuz 297.

Chasti 2122, 2992, *châtiment.*

Chauz, *r. pl.,* 3ooo, *chauds ;* chaut pas 1077, 3126, 3758, *aussitôt, sur le champ.*

Chevant 2406, *commençant.* — *Le sens bien connu de* chever, *aussi bien que de* chevir, *est « finir « ; mais ici le sens de « commencer » est nettement établi par le texte latin : Ab Idibus autem septembris usque ad caput Quadragesimæ.*

Chevecoel 3052, *oreiller, traversin.*

Chief 1153, *etc., tête ;* chief de fois 819, *souvent ;* de chief 1642, *à partir du commencement ;* en chief 3688, *en premier lieu ;* metre a chief 250, *venir à bout.*

Chiere 1164, 2175, *visage.*

Chierté 3937, *affection.*

Choser 440, *gourmander.*

Ci, 1, 273, 36o, *etc., ici ;* ci... ci 494, *tantôt... tantôt.*

Cil 873, 931, *etc., celui, celui-là ;* 759, 775, *ceux, ceux-là ;* 711, *ce.*

Cist 1449, *ce ;* 332, 745, 2153, 3499, *ceux-là ;* cist et cil 2113, *ceux-ci et ceux-là.*

Clamer, *appeler ; ind. pr. 1 pl.* clamoun 2434.

Cloistrier 846, *moine.*

1 Coer 100, 261, 307, *etc. ; cœur ;* coers 126, 231, *etc.*

2 Coer 1813, 1830, *etc., chœur.*

Coinses 1869, 3843, *comme, pour ainsi dire.*

Cointe 3546, *habile, sage.* .

Cointement 3372, 3594, *habile-
ment.*

Cointise 3605, *habileté.*

Colée 467, *coup, châtiment.*

Collations 3971, *conférences sur
les textes sacrés faites dans
les monastères ;* collatioun
2433, 2452.

Colpe 2502, *péché.*

Com 4, 64, 109, etc., *comme ;*
comme 113, 133, 753, *etc.*

Commander 356, *etc. ; ind.
pr. 3 s.* commant 740, 2588.

Commandise 357, 1991. *autorité,
commandement.*

Commant 1818, *commande-
ment;* commanz 396, *etc. ;*
conmant 353, 2962.

Commençalle 1582, *commence-
ment.*

Commencier 98, *etc., commencer;
subj. pr. 3 s.* commenst 1323,
1332, *etc.*

Commeü, *p. p.* 3905, ému.

Communalement 2504, *généra-
lement.*

Commune, 1794, *vie commune,
communauté.*

Communier 2640, *communiquer,
publier, entrer en rapport
avec; ind. pr. 3 pl.* communient
1850.

Communioun 2544, *vie com-
mune.*

Communité 279, *communauté.*

Compas 1522, *règlement.*

Comperée, *p. p.* 3124, *payée.*

Complir, *remplir, accomplir;*

ind. pr. 1 pl. complisson 229;
3 pl. complissent 2413 ; *p. p.*
compli 211, 3864 ; compliz
2649.

Concordablement 3554, *d'avis
commun.*

Concroire, *confier; ind. pr. 3 s.*
concreit 3702 ; *p. p.* concreü
507.

Confetement 2663, *de quelle ma-
nière.*

Conforteors 1867, *consolateurs.*

Congié 1849, 2026, *etc.; per-
mission.*

Conquerre, *gagner; fut. 3 s.*
conquerra 2102.

Conquest 45, 3108, *profit. — Au
vers* 45, *conquest peut être
aussi bien l'ind. pr. 1 s. du
v.* conquester, *chercher à ob-
tenir.*

Consens 3572, *accord.*

Consense 3104, *permission.*

Consers 3642, *compagnons d'es-
clavage.*

Constreindre, 447, *contraindre,
tenir sévèrement; p. p.* cons-
treinz 1973.

Conteçon 695, *querelle.* .

Contendre 1915, *résister.*

Contenz 579, *lutte, dispute.*

Continuance 2399, *continuation.*

Contraires 1008, 1021, 1044,
contrariétés.

Contrarios 1780, *opposé, contra-
riant.*

Contre 2884, *à la rencontre de.*

Contre apel 1547. *V. note, p.* 67.

Contre ester 293, *s'opposer, lut-*
ter contre.

Contreguarder (se) 2237, *se*
mettre en garde.

Contristant 3827, *résistant.*

Contrister 2697, *affliger ; ind.*
pr. 3 pl. contristent *; p. p.*
contristé 2042 ; contristez 105.

Conversation 259, 1707, 1743,
3954, *genre de vie.*

Converser, *demeurer, se trouver,*
et non pas ici vivre avec ; ind.
pr. 3 pl. eonversent 284.

Cope 1728, 1800, *etc., faute ;*
copes 1805 ; coupe 2565, 2614 ;
coupes 3458.

Corage 33, 175, *etc., cœur, cou-*
rage, désir, pensée ; corages
472.

Corel, *adj.*, 2783, *de cœur.*

Corocier (se), *se courroucer ; fut.*
3 s. se corocera 3873 *; p. p.*
corociez 109 ; corecié 3905.

Corperel 3136, *corporel.*

1 Cors 232, 479, *etc., corps ;*
3384, *corporation.*

2 Cors 1286, 1394, 1523, 1556,
cours.

3 Cors 624, *courroux. — Texte*
latin : Iracundiæ tempus non
reservure.

Corsaus 1526, *commun, ordi-*
naire.

Cortilz 3768, *jardin ;* cortil 1149.

Coseil 3621, *réflexion.*

Coster, *coûter ; ind. pr. 3 s.*
coste 1440.

Costume 1178, *coutume ;* cous-
tume 2914, 3361.

Coule 3006, 3007, 3065, *robe*
flottante à manches avec capu-
chon ; coules 3028, 3039.

Coupe. *V.* Cope.

Couraus, *adj.*, 2866, *du cœur.*

Cras 1891, *gros, fort.*

Cremoir 653, *craindre ; ind.*
pr. 3 pl. criement 185, 524 ;
subj. pr. 3 s. crieme 2212 ;
2 pl. cremez 130 *; p. pr.* cre-
manz 906, 1984 *; p. p.* cremuz
3610.

Crios 1139, *criard ;* criouse 2862.

Croire, *croire, confier ; ind. pr.*
1 s. croi 2671, 3397 *; 3 s.*
creit 1939 *; 1 pl.* creons 347,
956, *etc.;* creouns 2299 *; 3 pl.*
croient 187 ; creent 3671
subj. pr. 3 s. croie 1096 ;
2050 *; impér. 2 s.* croi 2017.

Crois 351 ; des filz de crois l'es-
pirt avon, *nous avons l'esprit*
de crois (d'adoption) des fils.
— V. Introduction, p. 9.

Cruelté 443, *cruauté.*

1 Cuer 79, 751, 3254, *cœur ;*
cuers 82, 359, 2331.

2 Cuer 2493, 2511, *etc., chœur.*

1 Cui pr. *interr.*, 43, *qui ?*

2 Cui, pr. *rel.*, 352, 1633, *qui ;*
2037, *de qui.*

Cuider, *croire ; ind. pr. 3 s.*
947 *; 3 pl.* cuident 317 *; subj.*
pr. 3 s. cuit 1157.

Cum 2100, 2236, *etc., comme.*

Cumprové, *p. p.* 3724, *convaincu.*

Cure 412, 513, *etc., souci, soin.*

Curer 1886, *soigner.*

Curios 510, 539, 932, *soigneux,*

attaché à; curious 2212, 2647, 3167; curos 787.

Curiosité 3896, *soin.*

Curiousement 3719, *soigneuse-ment.*

Dameldeux 716, Dameldeu 684, *s. s. le Seigneur Dieu;* Da-meldeu 159, 170, 614, *r. s.;* Damledeu 1065, 1076, 1667, *r. s.;* Damedieu 2206, 3711, *r. s.;* Damedé 3761, *r. s.*

Dampnable 954, *condamnable.*

Dampner, *condamner; ind. pr. 1 pl.* dampnons 844.

Dangier 2029, *refus, difficulté.*

Danter 372, *dompter; p. p.* danté 1971.

Danz 3523, *s. s. seigneur.*

Decepliner 1803, *soumettre à la discipline, punir.*

Dechevables 512, *trompeuses.*

Decliner 575, *s'écarter; ind. pr. 1 pl.* declinons 979, *allons vers.*

Deçoite 68, *déception.*

Deduit *p. p.* 1276, *mené, conduit.*

Deerreins 3562; deesreins 2524, *dernier;* deerreine 3788.

Defaillir, *manquer; ind. pr. 3 s.* defaut 2271.

Defeignant *p. pr.* 455, *feignant.*

Deffolez *p. p.* 3602, *foulé aux pieds.*

Definée 1621, *finie.*

Definement 1412, *fin.*

Defors 1433, 3771, *en dehors, au dehors.*

Deguerpir, *abandonner; ind. pr. 2 pl.* deguerpissez 92.

Deienie 1711, *fonction de doyen.*

Dejetement 1100, *rebut.*

Del 34, 82, 83, *etc., du;* del que 3744, *de ce que.*

Delaier, *tarder; subj. pr. 3 s.* delait 2027.

Delit 760, 767, *etc., plaisir;* deliz 329.

Delitable 784, *agréable.*

Delitier (se), *se réjouir; ind. pr. 3 s.* se delit 2798.

Delitose 38, *agréable.*

Delivre 3184, *s. s. libre.*

Demander 838; *ind. pr. 3 s.* 488, 1998; demant 2694, 2876, 3320; *impér. 1 pl.* demandon 165; *subj. pr. 3 s.* demant 1122, 2040, 2280; *p. p.* de-mandé 169, 839.

Demener 772, *mener; p. d. 3 pl.* demenerent 3973.

Dementiers que 2618, *pendant que.*

Demoranz 1983, *traînard.*

Demore 1761, 3907, *retard.*

Demorer 1169, 1947, *rester, sé-journer; imp. 1 pl.* demorons 266; *subj. pr. 3 s.* demort 3368; *fut. 3 pl.* demourront 2456; *p. d. 3 pl.* demorerent 287; *tarder: ind. pr. 3 s.* demorent 739; *subj. pr. 3 s.* demort 1340.

Demourée, *séjour;* face demou-rée 2870, *reste.*

Demuere 729, *retard.*

1 Departir 1013, *s'en aller ; pris
subst.*, 2896 *départ.*

2 Departir, *partager ; ind. imp.
3 s.* departeit 2099; *subj. pr.
3 s.* depart 3247 ; *p. d. 3 pl.*
departirent 3076 ; *p. p.* de-
parti 1392, 1562, 1625.

Depechier 1038, *déchirer.*

Deport 2138, *satisfaction.*

Deporter, *épargner, ménager ;
ind. pr. 3 s.* deporte 981.

Deproier, *prier ardemment ; im-
pér. 2 pl.* deproiez 99.

Derechief 199, 925, *etc.*, *dere-
chef ;* derechier 2094.

1 Derrain, *subst.*, 1308, 1365,
dernier.

2 Derrain, *adj.*, 588, 1953,
dernier ; derrains 1422 ; al
derrein 1923, *en dernier lieu.*

Desafaitiez 445, *indisciplinés.*

Desatourné 3046, *deshabillés.*

Descordant 701, *qui est en dé-
saccord.*

Desdeignos 3915, *arrogant, re-
belle.*

Desdonc 676, 1177, 2539, *dès
lors, à l'avenir.*

Desesperer; *subj. pr. 3 s.* deses-
poirt 704.

Deserte, *subst. f.*, 436, *mérite.*

Deservir 160, 271, *mériter ; ind.
pr. 3 s.* desert 998 ; *subj. pr.
3 s.* deserve 3390 ; *f. 3 s.* de-
servira 3469.

Desevrer, *séparer ; ind. pr. 3
s.* deseivre 3920.

Desheriter ; *subj. pr. 3 s.* dese-
rit 110.

Desgraer 3497, *dégrader.*

Desi la que 2601 ; desi que 1825,
jusqu'à ce que.

Desierrer, *subst.*, 3349, *désir.*

Despendre, *dépenser, donner ;
ind. pr. 3 s.* despent 9, 3642.

Despisanment 2612, *avec mé-
pris.*

Despiser, *mépriser, traiter avec
mépris ; ind. pr. 3 s.* despise
3913 ; *subj. pr. 3 s.* despise
2833 ; *3 pl.* despisent 2228 ;
f. 3 s. despira 3723 ; *p. pr.*
despisanz 1782 ; despisant
1995 ; *p. p.* despit 903.

Despit 382, 952, *etc.*, *mépris.*

Despolliez, *p. p.*, 3255, *dépouillé.*

Desposez, *p. p.* 3265, *dépossédé.*

Desque 164, 1004, 1016, *etc.*,
jusque, jusqu'à ce que ; dus-
qu'a 1121, 1439, 1590, *jus-
qu'à ;* desqu'al 1549, *jusqu'au.*

Desrein, desreein, *dernier ;* al
desrein 2494, al desreein 2506,
au dernier [rang].

Desroi 2738, 3658, *désordre.*

Desroier (se), *quitter son rang,
se déranger ; subj. pr. 3 pl.*
desroient 3544.

Desseelé, *p. p.* 709, *descellé.*

Destinterres 409, *qui fait des
distinctions, qui a des préfé-
rences.*

Destorner, *détourner ; subj. pr.
3 s.* destort 682, 1339, 2259.

Destourbé 2855, *dérangé, trou-
blé.*

Destre, *adj. f.* 1047, *droite.*

Destreindre 478, *contraindre ;*

impér. 2 pl. destrinez 1838, tourmentez; p. p. destreis 3000, gêné.

Destreit 22, contrainte.

Destresce 2240, rigueur.

Destroit 2122, rigoureux.

Destrucion 3802, préjudice.

Detors 1420, débiteurs.

Devient (se), loc. adv. 2514, 2624, 3422, s'il arrive peut-être, par hasard.

Devin 918, 2032, divin; devine 121, 1657, etc.; devines 1922; devir (ms. pour devin) 3542.

Deviner, enseigner, raconter; ind. pr. 1 s. devin 2352.

Devise 1633; devises 963, récit; par tele devise 3204, par telle convention.

Deviser 597, 2674, 3621, dire, exposer, diviser, diriger; ind. pr. 2 s. devises 404; 3 s. devise 1193, 1349, 1446; p. p. devisé 3085.

Devoir; ind pr. 3 s. deit 1438, etc.; 3 pl. deivent 726; subj. pr. 3 s. doie 3215, etc.

Dex, s. s., 52, 58, 69, etc., Dieu; Dé, r. s., 6, 123, 756, etc.; Dié, r.s. 2792, 3141, 3174, etc.; Deu, r. s., 9, 15, 18, etc.; Dieu, r. s., 2200, 2343, 2379, etc.

Di 1617, jour; toz dis 107, toujours; tant dis com 241, pendant que.

Diablin 3262, diabolique.

Digest 1202, dispos.

Diemeine 1351, 1372, etc., di-manche; dimaine 1641; dimeine 1368, etc.

Diemenche 1289, 1291, etc., dimanche; diemenches 1349; dimenche 1566.

Dimancheus 1336, dominical; dimencheus, 1555.

Disiesme 1553, 1583, dixième; disisme 1549; diesime 1534.

Dismes, s. s. 1127; disme 1593, 2721, dixième.

Disnement 2779, dignement.

Disnes s. s. 3528; disne 3410, 3733, digne.

Dis(e)noviesme 1569, dix-neuvième.

Disoitiesme (ms., corr. disoime) 1561, dix-huitième.

Diz 63, 1666, dits, préceptes.

Doctors 1260, docteurs; doutors 3994.

Doien 1709, 1724; deien 1715; deiens 1703; deens 3699.

Doneor 797, donateur.

Doner 626, etc.; doune 3139, etc.; subj. pr. 3 s. doinst 69, 1243, etc.; donst 1848; fut. 3 s. donra 2085, 3 pl. donront 3290.

Dotance, 775, doute.

Doter, douter, craindre; subj. pr. 3 s. dot 1889; p. p. doutez 3610.

Dotes 532, crainte.

Dotous 1158, redoutable.

Douneisun 3297, donation.

Dous, 389, 464, 1051, deux.

Doutrinement 437, enseignement.

Doutriner 438, 3560, *doctriner, enseigner; p. p.* doutrinéz 3581.

Doutos 365, *redoutable;* doutous 2345, *embarrassant, délicat.*

Douz 1894, *doux;* douce 151, 784.

Douxe 895, *douҙe.*

Doyennes 1749, *douҙaines.*

Dozesmes, *s. s. deuxième;* doziesme 1596.

Drap 3282, *drap;* 3014, 3024, *etc., vêtements.*

Drues 2976, *témoignages d'amitié.*

Duel 1876, 3922, *deuil, chagrin.*

Dui 2936, *deux.*

Duit, *p. p. att. pl.,* 292, *instruits.*

Ecclesiaus, *adj.,* 3967, *ecclésiastiques.*

Eez, *s. s.,* 3485, *âge; r. pl.* 224, 2235; éé, *r. s.,* 1962, 2333, 2365, 3277, 3505, 3869.

Egrement 1972, 3848, *durement.*

Eins, einz 804, 1014, 3272, *plutôt, au contraire;* 688, 2982, 3956, *avant.*

Einsi 1902, *ainsi.*

Einznez 1768, *aînés;* eiznez 3095.

Eirre, 3789, 3796, *voyage.*

Eissir 2153, 3206, *etc., sortir; p. pr.* eissanz 2574; *p. p.* eissuz 1951; eissu 1944, 2461; eissue 1898, a lor eissant 2170, *à leur sortie.*

Eissi 1271, 1345, 3301, *ainsi.*

Eissue 2570, 3195, *sortie.*

1 El 1284, 2811, 2561, *autre.*

2 El 99, 408, 528, *etc., au, dans le;* el 211, *par le.*

Elation 696, *hauteur, arrogance.*

Els 636, 793, *etc., eux.*

Embeuz, *s. s.,* 1188, *imbu.*

Embrevé 2056, *enregistré.*

Emfermeté 3606, *maladie.*

Emmanteler, *couvrir d'un manteau; ind. pr. 3 s.* emmantele 1049.

Emmi 2922, *au milieu de.*

Empeindre, *pousser, se précipiter sur; p. d. 3 pl.* empeinstrent 208.

Emplir 243, 692, *remplir; p. d. 3 s.* emplirent 1654.

Emposer 3483, *donner le ton en commençant un psaume. V.* Du Cange, vº *Imponere.*

Emprendre 2073, 3116, *etc.;* enprendre 2760, 3837, *prendre, entreprendre, saisir; ind. pr. 3 s.* emprent 3450; enprent 32, 581, *etc.; 3 pl.* enprenent 761, 1647; *subj. pr. 3 s.* empreigne 3850, enpreigne 2981, *etc.,* empreinge 2587, enprenge 2553; *p. d. 1 s.* enpris 862; *p. pr.* empernans 2525; *p. p.* empris 2998, *etc.;* enpris 61; emprise 2570.

Emprès 1039, *après;* enprès 1607.

Emprise 2991, *entreprise.*

En 485, 612, *etc., on;* l'en 257, 263, 344, *etc., l'on. V.* Oun (l') *et* Un.

Enbesoignier 2668, *occuper ; p.
p.* enbesoingnié 2457, embe-
soignié 2942.

Encheoir, *tomber dans ; ind. pr.
3 s.* enchiet 1807.

Enchoser 451, 493, *blâmer.*

Encliner, *s'incliner; subj. pr.
3 s.* enclint 3530.

Encombrés, *s. s.* 1166, *humilié.*

1 Encontre, *adv.* 3532, *devant.*

2 Encontre, *prép.* 297, 636,
contre.

Encostumé 1378, *accoutumé.*

Enditer, *indiquer; subj. pr. 3 s.*
endeit 2059;*p. p.* endite 2794,
imposée.

Endementres que 1303, *pendant
que.*

Endoutriner 3547, *instruire;
p. p.* endoutriné 2123.

Endroit 516, 1089, 1736, *à l'é-
gard.de, quant à.*

En droit (ici) 339, *ici même.*

Enfanchon 866, *petit enfant.*

Enferm 1930, *malade;* enfermes
1886; enfers 2203, 2209, *etc.;*
emfer 618.

Enfermeté 1899, 2129, 2349, *ma-
ladie ;* enfermetez 376, 2106.

Enferté 2304, *faiblesse de santé.*

Enformez, *p. p.* 3582, *instruits;*
enformé 1134, *formé à, ayant
le talent de.*

Engloter 2326, *manger avide-
ment.*

Engloutement 2330, *gloutonne-
rie;* engloutemenz, 2332.

Engrès 475, 1795, engrez 1909,
méchant, sévère.

Engressement 563, 579, *avec
emportement.*

Engresté 2856, *méchanceté.*

Enhauchant 1132, *élevant.*

Enjont, *p. p.,* 2024, 3430, *en-
joint.*

Ennour 3538, *honneur.*

Ennui 2260, *nuisance.*

Ennuire, *nuire à, déplaire à ;
subj. pr. 3 s.* ennuit 1200.

Enortement 1772, *exhortation.*

Enourance 2792, *respect.*

Enourer 2200, *honorer ; ind. pr.
2 pl.* enorez 1427.

Enporter, *recevoir; p. d. 3 pl.*
enporterent 467.

Enranment 3907, *aussitôt.*

Ens 2616, 3543, *dedans;* enz
580, 894, *etc.;* ens el 2583,
3321, *dans le ;* enz en 480.

Ensement 66, 133, 227, *etc.,
pareillement, également.*

Ensievir, *suivre; subj. pr. 3 s.*
enseve.

Ensorquetot 3971, *de plus.*

Enteimmes 2217, *même;* en-
temmes 818; enteins 2481,
3561.

Entendables 472, *intelligent,
docile.*

Entendemens 3520, *sens, signi-
fication.*

Entente 1835, 2004, *pensée,
soin, sollicitude ;* ententes
2730, *attention.*

Ententis, *s. s.* 509, 3168, 3171,
désireux, attentif, appliqué à.

Ententivement 100, *avec atten-
tion.*

Enterin 603, *entier, pur* ; entering 1095.

Enteringement 1654, *entièrement.*

Enticement 3262, *excitation.*

Enticier 1871, *exciter.*

Entor ; estre entor de 1463, *s'occuper à* ; ci entor 1472, *ici, auprès* ; entor les freres 1861, *à l'égard de* ; entour 3057, *auprès de, en possession de.*

Entredire, *intercaler des paroles ou un chant* ; *impér. 2 pl.* entredirez 1530.

Entrelès 1400, 1441, *délai, intervalle.*

Entrepris 2121, *surpris.*

Entreset 97, *à l'instant.*

Entrevals, *s. s.* 1331, *intervalle* ; entreval, *r. s.* 2450.

Enveisure 2484, 2804, *plaisanterie, bouffonnerie.*

Envianz 3082, *ceux qui désirent.*

Envier *engager* ; *ind. pr. 3 s.* envie 152, 2189, 3918.

Environner, *faire le tour de, parcourir* ; *subj. pr. 3 pl.* environnent 2729.

Envoisiée 841, *plaisante.*

Eptaticum 2439, *le Pentateuque de Moïse et les deux livres de Josué et des Juges.*

Erre 2829, *voyage* ; en erre 1233, 2451, 2626, *en hâte, sur le champ.*

Errer 3043, *voyager* ; *ind. pr. 3 pl.* errent 3130 ; *p. pr.* errant 327.

Es 82, 95, 114, *etc., dans les, pour les, aux.*

Escapulaire 3009, *vêtement qui couvre les épaules.*

Escharcesce 2370, *modération.*

Escharnir, *insulter* ; *ind. pr. 3 s.* escharnist 3219.

Escharnissors 446, *insulteurs.*

Escheu 3533, *exempt* ; ne se face escheu, *ne se dispense pas.*

Eschiver 830, 945, 1124, *éviter.*

Escient 564, *sentiment, opinion.*

Esclandle 3652, 3658, 3846, *scandale.*

Escommenge 1798, *excommunication* ; escumenge 1858 ; escumenation 1776, 2564.

Escommengier 1804, escumengier 3855, *excommunier* ; *p. p.* escommengiez 1969, 2596 ; escommingiez 1907 ; escommengié 1853, 1856 ; escomingiez 1793 ; escumengié 1850.

Escondire, *refuser* ; *subj. pr. 3 s.* escondie 1997 ; *p. p. s. s.* escondit 826, 2080 ; s'escondire 3812, *s'excuser.*

Escosse 670, *éclat de rire dont le corps est secoué.*

Escourcer 3207, *enlever.*

Escout 2268, *audition, attention.*

Escriz (li) 963, *l'Écriture sainte.*

Escuel 3669, *élan.*

Escusance 3777, *excuse.*

Esdrecée, *p. p.,* 887, *dressée.*

Esfroi 2688, *trouble.*

Esgardement 918, *regard.*

Esgart 181, 1198; esguart 1673, 2947, *regard, jugement, considération*.

Esguarder 2508, 3209, 3344, 3550, *regarder, considérer*, *ind. pr. 1 s.* esguart 2349; *subj. pr. 3 s.* esgart 3600; esguart 3435, 3601; *impér. 1 pl.* esgardons 1671; *f. 3 s.* esgardera 2763, 3001; *p. p.* esguardé 2727, 3424, *choisi*.

1 Eslite, *subst.* 1721, *choix*.

2 Eslite *adj.* 301, *mauvais, à rejeter*.

Esmunder 2149, *nettoyer, purifier; p. p.* esmundez 544.

Espelre, espeaudre, *signifier; ind. pr. 3 s.* espeaut 555.

Esperer, *espérer, attendre; ind. pr. 3 pl.* espeirent 2838; *subj. pr. 3 s.* espoirt 2084; espoire 1066; *p. pr.* esperanz 644.

Esperitable 652, 3925, *spirituel*.

Esperital 662, *spirituel;* esperitel 706, 2805, *etc., spirituel;* esperiteus 298.

Esperitaus, *subst.* 2636, *religieux*.

Esperment 3308, *expérience*.

Espermenté 304, *éprouvé*.

Espirement 1698, *inspiration*.

Espirer, *inspirer, suggérer; ind. pr. 3 s.* espire 97.

Espirz 57, 1839, *esprit;* espir 1186; espirt 351, 1188, 3654; Espirz (seint) 128; Espirt (seint) 1190.

Esploit 3708, *réussite*.

Esploitier 450, *agir*.

Espoenter, *épouvanter; ind. pr.* espoente 1836; *p. p.* espoenté 255.

Espoentor 650, *épouvante*.

Espondre, *exposer, expliquer; ind. pr. 3 s.* espont 1737; *3 pl.* esponent 1262.

Esprès 1828, *précis*.

Espurger (s'), *se laver; ind. pr. 3 pl.* s'espurgent 1417.

Esrer, *voyager; ind. pr. 3 pl.* esrent 2837; en esrant 2831.

Esrere 3598, *gratter, écurer*.

Essauchier 883, *exhausser, élever; p. d. 1 s.* essauchai 864.

Essera, *f. 3 s.*, 2883 sera; esseront *f. 3 pl.*, 2884, *seront*.

Essoine 2874, *empêchement, retard;* sanc essoines 276, *sans que rien s'y oppose*.

Establement 3354, *de manière stable*.

Estableté 723, 3213, 3376, *stabilité, fermeté*.

Establie 2348, *établissement, règle*.

Estacion; en estacion 1328, *debout*.

Estal 2493, *place*.

Estature 2241, *teneur*.

Estenance 2784, *abstinence*.

Estenir 2354, *s'abstenir; impér. 2 pl.* esteigniez 2338; *subj. pr. 3 s.* esteinent 2378; *retenir : subj. pr. 3 s.* estint 3252; *f. 3 pl.* estinerunt 2319.

Ester 1040, 2507, 3158, 3332,

3353, 3484, *se tenir debout,
rester, persister ; ind. pr. 3
s.* 3185, 3193, 3364.

Estoier 624, *réserver.*

Estoir 3318, *demeurer.*

Estor 294, *combat.*

Estoupé 3301, *empêché.*

1 Estovoir, *subst.*, 998, 2097,
nécessité.

2 Estovoir, *falloir, convenir; ind.
pr. 3 s.* estuet 231, 867,
1341, *etc.;* estut 2107 ; *subj.
pr. 3 s.* estuece 2274, 3134,
3771; estueche 2695 ; *f. 3 s.*
estovra 1292; s'estuet 1407,
doit.

Estrange 3088, *étranger.*

Estreper 460, 2072, *extirper,
arracher.*

Estreperres, *s. s.* 2014, *destruc-
teur.*

Estrif 695, 1140, 3828, *combat,
dispute ;* estris 3679.

Estrister, *attrister ; subj. pr. 3
s.* estrist 1992.

Estrivamment 3934, *en rivali-
sant, à l'envi.*

Estriver 1915, *disputer, rivali-
ser ; impér. 1 s.* estrivons
1675.

Estrivos 3898, *querelleur.*

Estrosse 669, *décision.*

Estuier 3272, *serrer, garder.*

Esvoiez, *p. p. s. s.* 1191,
écarté de.

Es vos 705, *voilà.*

Eulz 120, 654, *etc., yeux.*

Eve, 2916, 3767, *eau.*

Evre 3792, *œuvre.*

Exeques 620, *funérailles.*

Expositors 1259, *exégètes, com-
mentateurs.*

Fablians, *p. pr.*, 2735, *bavar-
dant.*

Faillir, *manquer; ind. pr. 3 s.*
faut 300, 2605 ; *3 pl.* fallent
2603.

Faire 34, *etc. ; ind. pr. 1 s.* faz
46, 89, 3625 ; *subj. pr. 1 pl.*
fesmes 811, femes 1682 ; *p. d.
2 s.* feïs 986; *2 pl.* feïstes
2197 ; *imp. du subj. 3 s.* fe-
sist 3942 ; *subj. pr. 3 s.* face
assez, 2530, 2597, *satisfasse.*

Faisance 655, *conduite.*

Faitement, *adv.*, si faitement
853, *de telle manière ;* com
faitement 1671, 3099, *de quelle
manière.*

Falle, *manque ;* sanz falle 1581,
3571.

Famulaires 3035, *caleçons.*

Feel 1020, *fidèle ;* feeus 1260.

Fei 2882, *foi.*

Feins 3215; feinz 463, *mou,
sans ardeur.*

Feintise 2030, *hésitation.*

Feiz 2538, 2741, 3412, *fois ;*
foiz 1059, *etc.*

Fere, *férie ;* la tierce fere 1567,
le mardi.

Feremenz 2065, *instruments en
fer.*

Ferir 3850, 3856, *frapper; ind.
pr. 3 s.* fiert 184 ; *impér. 2
s.* 483, *p. p.* feru 1048.

Fermer 3376, *fixer, arrêter.*

Fès 3811 ; *fez* 1718, 3821, *charge*.

Fesmes. *V.* Faire.

Festivex 2167, *de fête, solennels*.

Festu 407, *brin de paille*.

Feu 156, *foi*.

Feuz 2453, *feuillets, pages*.

Fez 156, 163, *faits, actions*.

Fiebleté 2350, *faiblesse*.

Fiée, *fois ;* maintes fiées 29, *maintes fois ;* à la fiée 659, *parfois ;* en fiée 1229, 1246, *tour à tour, successivement*.

Fier (se) ; *ind. pr. 3 s.* fit 1716, *se fie*.

Fin (de) 2863, *sûrement*.

Finement 717, *fin*.

Finer 1069, 3792, *finir ; subj. pr. 3 pl.* finent 757 ; *fut. 3 pl.* fineront 1305 ; *p. pr.* finant 2386 ; *p. p.* finé 1296, 1309, *etc. ;* finée 1487, 1490 ; finées 1498.

Fiz 3646, *certain ;* de fi 1957, *certainement*.

Flaeaus 1465, *fléaux, fouets*.

Flaeler 1972, *fouetter*.

Flum 207, *fleuve*.

Foc 1898, 1902 ; fos 1942 ; fouc 372 ; fous 3472, *troupeau ;* foucs 3625.

Folours 2777, *folies, fautes*.

Fomenz 1919, *remède*.

1 Forment 3641, *froment*.

2 Forment, *adv.* 208, *fortement ;* 1608, *beaucoup, très*.

Forsclore, *interdire ; ind. pr. 1 pl.* forscloons 848.

Forsistiez, *p. p.* 867, *sevré (texte latin* ablactatus).

Forspartir, *excepter, exclure ; ind. pr. 1 pl.* forspartuns 3493.

Forsveier 2372, *s'écarter du droit chemin ; ind. pr. 3 s.* forsvoie 762.

Franc 415, *de naissance libre ;* frans 430.

Franchi 423, *libres*.

Frarrine 3937, *fraternelle*.

Freindre, *briser ; fut. 3 s.* freindra 3598 ; *p. p.* freü 2623.

Fresletez 3079, 3081, *fragilités, faiblesses*.

Fruz 3300, *fruit, profit*.

Fuer, *prix ;* à nul fuer 626, 765, 1745, *à nul prix ;* en fuer 3137, *en prix*.

Fui, *p. d. 1 s. du v. être* 1087, 2195, *je fus ; 3 s.* fu 211, 465, *etc.*

Gambe, 3067, *jambes*.

Garantie 573, *observance*.

Garantisun 2813, *permission*.

Garder 254, *etc. ;* guarder 2125, 3181, *etc. ; ind. pr. 1 s.* gart 936 ; *subj. pr. 3 s.* gart 504, 1991, *etc. ;* guart 908, 1988, *etc. ; impér. 2 s.* gar 143, 144 ; *fut. 2 s.* garras 484 ; *avoir égard : subj. pr. 3 s.* gart 2239.

Garniz *p. p.* 339, *pourvu ;* guarniz 3050.

Gasterres 1984, 2013, *dissipateur*.

Gaut 284, *bois*.

Gehir 2629, *confesser, avouer.*

Gelos 3612, *jaloux.*

Gemble *s. s.* 3532, *jeune;* gembles *r. pl.* 3512.

Gentil 3275, *noble.*

Giendre 674, *geindre.*

Girovaïs 322, *moines errants, n'ayant pas de demeure fixe.*

Gloire 1322, 1479, 1554, *le Gloria Patri;* gloires 1392.

Glorier, *se glorifier; subj. pr. 3 s.* glorit 200.

Gondrilleison 2117, *murmure.*

Gondrillier 2166, *murmurer; ind. pr. 3 pl.* goundrillent 2380; *p. pr.* gondrillanz 1778; gondrillant 789, 802, 805; goundrillant 2269.

Gondrillos 642, *qui murmure.*

Gonele 1050, *longue cotte, robe.*

Gonne 3006, *longue cotte, robe;* goune 3065; gounes 3028, 3039.

Gou 426, *joug.*

Graant 3159, *permission.*

Graanter 3331, 3891, *accorder; ind. pr. 3 s.* graant 2529; *subj. pr. 3 s.* graant 3322; *p. p.* graant 2868; graanté 2216, 2540.

Gracier 1550, *remercier.*

Graigneur *s. s.* 2322, *plus grand;* greignor, *r. s.,* 1002, 3555; graignors, *r. pl.,* 1116; greignors *r. pl.,* 432, 791, 3993; greignour, *s. s.* 2853, 3531, 3536; *r. s.* 2206, 2359, 2610; greignor 2131, 2144; greinour 3407.

Greant 942, *volonté, plaisir.*

Greffe 2078, 3069, *poinçon, stylet servant à écrire.*

Greindre 415, *plus grand.*

Grever 1882, 3652, *peser, accabler, charger; subj. pr. 3 s.* griet 1808; *2 pl.* grevez 2332; *p. p.* grevé 2392, 2565, 3060; grevez 2762.

Grief 249, 467, *lourd, pénible;* griés 1042, 1968.

Griefté 1764, *gravité;* griété 2473, 2660; grité 2483; gritté 1136; griété 3156, *difficulté.*

Griement 2632, *gravement.*

Grochier 807, *murmurer;* groucier 2940; *ind. pr. 3 s.* groche 1011; *fut. 3 s.* grouchera 800.

Groissour 3014, *épaisseur.*

Guaitier 972, *guetter;* guetier 975, *prendre garde.*

Guarde 2769, 2798, *etc., garde.*

Guarnemens 3011, *garniture.*

Guerpir 2481, *abandonner; ind. pr. 3 pl.* guerpissent 745; *p. d. 3 s.* guerpi 1895.

Guerredon 865, 3084, *récompense.*

Guerredoner 630, *rendre en échange.*

Gulosité 330, *gourmandise.*

Guoundril 2404, *murmure.*

Guondrillement 2382, *murmure.*

Haire 3051, *couverture de lit.*

Haitement 2250, *contentement.*

Haitiez 1105, *joyeux;* haitié 797.

172

Hanter, *habiter ; subj. pr. 3 s.*
hant 3160.

Haor 3591, *haine.*

Hé 405, *haine.*

Heirs 230, *héritiers.*

Henour 2956, 3528, *honneur ;*
henours 2928.

Herbegerie 3380, *séjour.*

Herbergier 326, *demeurer ;* her-
begier 3090.

Honiz *p. p.* 1942, *avili, desho-
noré.*

Hore 119, 473, *etc., heure ;* a
hore 2039, *au moment conve-
nable.*

Hurter, 661, *heurter.*

Icel 365, *ce ;* icels 2899, 3030,
iceuls 1055, *ceux, ceux-ci.*

1 Icil, *adj.,* 1821, *ce.*

2 Icil, *pr.* 173, 744, 1415, 1783,
celui, ceux.

Icist 728, 3109, *celui-ci.*

Icit 3061, *ce.*

Iert, *3 s. fut. du v. être,* 1126,
1372, *etc., sera.*

Iluec 268, 2608, *alors ;* 878,
2598, 2825, 3163, 3164, *là ;*
illuec 3090, *là ;* ilueques 493,
alors (tantôt).

Impartir, *diviser ; fut.* 1 *pl.* im-
partirons 1627.

Ire 3911, *colère.*

Irer (s'), *se mettre en colère ;*
ind. pr. 3 s. s'iraist 1012.

Issi 2585, *ainsi ;* issi tost 458,
aussitôt.

Ist, *3 s. ind. pr. du v.* eissir
1955, *sort ; fut. 3 s.* istra 2147,

2182 ; *3 pl.* istrunt 1216,
2676, 2708, 2852, 2942,
3043.

Itant 3111, *autant ;* en sol itant
429, *seulement.*

Itex 3389, *tel ;* itel 2468, 2745.

Ja 119, 877, 1157, *etc., main-
tenant, déjà, souvent explétif ;*
ne ja 164, 682, 803, *etc., ja-
mais ;* ja soit ce que 2233,
2767, *quoique ;* ja soit 3906.

Jel 46, 147, *je le.*

Jembles *s. s.* 3530, *jeune ; s.
pl.* jemble 3517. — *V.* Gem-
ble.

Jes 31, *je les.*

Jeûnes 617, *jeûne.*

Jeus 777, *Juifs.*

Joene 698 *jeune ;* joenes 2215 ;
jone 3764.

Joesdi 1385, *jeudi.*

Joiant 1029, *joyeux.*

Joindres 3833, *plus jeune.*

Jornal 1622 ; journel 2301, *jour-
nalière.*

Joster 3518, *ajouter, réunir.*

Jou 3208, *joug ;* jous 1042.

Jouste 3751, *auprès.*

Jovencel 1765, 1966, *jeune
homme ;* jouvencel 3539.

Jovenior 3509, 3893, *plus jeune ;*
jovenors, *s. s.* 3535, *att. pl.*
3516 ; jovenour 3502, *jeune,
plus jeune.*

Jugeor 587, *juge.*

Jugne 2909, *jeûne.*

Juise 365, 528, 649, 710, 1465,
jugement.

Jument 1089, *bête de somme*.

Just, *pr. d. 3 s. de* gesir, 878, *fut étendu*.

Laidi, *p. p.* 1790, *blâmé*.

Laienz, *adv.* 3223, *là*.

Lainoel 3051, *couverture de laine étendue sur le matelas*.

Lange 1120, *langue*.

Langos 1125, *bavard ;* langous 665.

Las 3796, *malheureux*.

Lé *adj.* 261, *large*.

Legier (de) 3666, *facilement*.

Lei 2523, 3198, 3203, 3418, *loi*.

Leisant 241, 2758, 2951, *qui peut faire, qui a du loisir*.

Leisir 767, *plaisir, fantaisie ;* a leisir 2491, *sans se presser, lentement*.

L'en. *V.* En.

Lermes 1692, *larmes*.

Lessier 1573, *laisser ; subj. pr. 3 s.* lest 1408 ; *fut. 3 s.* lera 3097 ; *fut. 1 pl.* leront 2830.

Letrum 1247, *lutrin*.

Leu 1147, 1151, *etc., lieu ;* leus 844, 978.

Leues 1051, *lieues*.

Leuns 2310, *légumes*.

Lever ; *subj. pr. 3 s.* liet 1252, 1344, *se lève*.

Lez 153, 962, *près, à côté*.

Lié 1029, *content, joyeux*.

Litière 1741, *literie*.

Loiers 711, 2033 ; loier, 45, 2131, 2206, 2816, 3296, *récompense*.

Loisir, *être permis ; ind. pr.*

3 *s.* list 243, 320, 2971, 3210.

1 Lor, *adj.* 18, 185, 189, *etc., leur*.

1 Lor, *pr.* 65, 550, *leur*.

Losenge 1447, *flatteries, fausse louange*.

Losengier, *v. pris subst.* 3686, *flatterie, fausse louange*.

Louer 3402, *placer*.

1 Lour, *adj.* 2201, 2239, 2242, *etc., leur ;* lours 2202.

2 Lour, *pr.* 2631, 2710, 2722, *etc., leur*.

Lunsdi 1379, 1541, 1558, 1566, *lundi*.

Luor 121, 244, *lueur, clarté ;* luour 2414.

Luserne 2414, *lampe, lanterne*.

Manoir, *demeurer ; ind. pr. 3 s.* maint 1172, 1673 ; *3 pl.* mainent 2379.

Main 236, 1467, 1754, *matin*.

Mains, *adv.* 2377, *moins*.

Maistrier 491 ; *v. n.* 3580, *gouverner*.

Mandez 1713, *commandements*.

Maneis 1313, *tout de suite*.

Manuevrer, *diriger ; ind. pr. 3 s.* manuevre 190.

Marsdi 1381, marsdy 1567, *mardi*.

Matinel 1451, *du matin ;* matinex 1474.

Maumis, *p. p.* 3388, *mis à mal, gâtés*.

Maz 2500, *abattu, humilié*.

Mechine 581, *chose, action*.

Meciner 2638, *soigner, guérir*.

1 Meesme, *adj.* 199, 1492, *etc.,*

même; meisme 136, 613, *etc.,* mesme 1311, 1616, *etc.*

2 Meesme, *adv.,* 2825, *même.*

Meesmement, *adv.,* 2069, 2215, *etc., de même;* meesment 2424, 2880; mesmement 1631, 1663, *etc.*

Meiteier, *diviser par moitié; fut. 3 pl.* meitieront 2690.

Membreement 1281, *de mémoire.*

Membrer, *v. impér.* 3117; menbrer 361, 485, *se souvenir; ind. pr. et subj. pr. 3 s.* menbre 1210, 2032; menbré 3994, *rappelé.*

Mendis 3248, *mendiants.*

Mendre 2335, *moindre, plus petit;* menor 557, 589; menour 2333.

Menesterel 3100, *artisans.*

Mengier 1809, 1822, *etc., manger; subj. pr. 3 s.* menjust 1841; *3 pl.* menjucent 2387; mengier, *pris subst.,* 1848, 2162, *etc.*

Mengierres 640, *mangeur.*

Merci 52, 703, *etc., miséricorde.*

Merciable 3586, 3589, *miséricordieux.*

Merir, 47, *récompenser.*

Merite 1722, 3444, *valeur.*

Mesaesié, *p. p.* 479, *maltraité.*

Mesalée 2634, *égarée, coupable.*

Mescreûz, *p. p.* 779, *incrédules, mécréants.*

Mespresture 1797, *faute.*

Messele 1047, *joue.*

Mestiers 1456, *ministère, devoirs.*

Mestrie 265, 342, 574, *puissance, autorité.*

Mesurable 2370, 3585, *modéré.*

Mesuréement 2015, 2701, *avec mesure.*

Mculz 333, 553, 1636, 2022, *mieux;* meux 450; meeux 558; melz 984, 2165.

Meûré 1979, *maturité.*

Meûrs 3096, *mûrs.*

Meurté 3749, *maturité.*

Mi 1552, 1602, *milieu.*

Mie, *employé comme négation,* 27, 43, *etc.*

Mires 1866, 1918, 1934, *médecin.*

Ministrement 2960, *service.*

Ministrer 2273, *servir; ind. pr. 3 pl.* ministrent 2202.

Miste 2286, *ration d'un quart de livre de pain et du tiers d'une hémine de vin.*

Moen 3352, *moyen, peu élevé.*

Moie 779, 993, 2184, *mienne.*

Moiens, *adj. pl.* 3003, *moyens, intermédiaires.*

Moist, *subj. pr. 3 s.* 359, *mouille.*

1 Moleste, *s. f.* 2136, *peine, ennui.*

2 Moleste, *adj.* 2856, *ennuyeux.*

Molt 417, 640, *etc., beaucoup;* moult 2225, 2267, *etc.;* mout 2377, 3167; mult 34, 366, *etc.;* mut 3215.

Monial 2768, *monacal, de moine;* moinials 3258, moniaus 3265.

Mors 492, 498, *etc.*, *caractère,*
mœurs.

Mostiers 3765, *monastère ;* mos-
tier, *r. s.* 278, 287, *etc.;*
moustier 2934, 3437, *etc.*

Mourir 3133 , *subj. pr. 3 s.*
muire 222.

Mu 815, *muet.*

Muableté 3214, *changement.*

Muchié *p. p.* 7, *caché.*

Muer 2914, *changer.*

Naier (*p.-ê. faute pour* neier) 613,
nier ; ind. pr. 3 s. neint 1417.

Napete 3069, *serviette.*

Nature 1216, *nécessités natu-*
relles.

Né 935, *net, pur.*

Neis 2979, *même, pas même ;*
nis 1043, 1060, *etc.*

Nel 9, 306, 803, *etc.*, *ne le.*

Nen 732, 3445, *ne ;* nen ne 3404,
ne.

Nequedent 2275, 2423, 3460
néanmoins.

Nes 1720, 2332, 2639, *ne les.*

Neü *p. p.* 3906, *nuit.*

Nient 1087, *néant ;* nient 688;
de nient 2889, *en rien, nulle-*
ment.

Nis. *V.* Neis.

Nocturnal 1219, *nocturne, de*
nuit ; nocturnex 1459.

1 Noef 1258, *nouveau.*

2 Noef 1559, 1572, *neuf.*

Noemes 1117; noeme 1386,
1549, 1582, *neuvième.*

Noient 179, 3311, 3799, *rien ;*
adv. 196, 2561.

Noisos 445, *querélleur ;* noisoux
2861, *bruyante.*

Nonantisme 1234, 1288, 1388,
1619, *quatre-vingt-dixième ;*
nounantisme 2489.

Nonchaloir 454, *insouciance.*

Nonchalos 1644 ; nonchalous
2782, *insouciant.*

Nonchiez 3451, *nommé, pro-*
clamé.

Nounsavoir 2557, *ignorance.*

Nues 3023, 3034, *neuves.*

Nuiternex 1473, *de nuit.*

Nului 631, 693, *etc.*, *personne,*
aucun; nuli 2465, 2972.

Nuncier 2641, 2643, 2646, *an-*
noncer ; ind. pr. 3 pl. nun-
cient 919; *3 s.* nunçai 380 ;
p. p. nunciés 2883.

Nunne 3518, *titre que les jeunes*
moines donnaient par révérence
aux plus âgés.

Nunpooir 3824, *impuissance.*

1 O, *prép.* 57, 122, 166, *etc.*,
avec.

2 O, *adv.* 3529, *où.*

Oel 407, *œil ;* oil 713, 965, 978;
oiel 1661.

Oelles 537, 1204, 1883, 1896,
brebis, ouailles.

Oelment 426, 433, 917, 1337,
1625, 2098, 2536, *également.*

Oes 1389, *œuvre;* a son oes
3252, *à son avantage ;* a vostre
oes 1891.

Oer 3122, *arrhes* (?).

Offendement 1413, *scandale.*

Offendre, *blesser, scandaliser ;*
ind. pr. 3 s. offent 2034.

Offension 2031, *offense, préju-*
dice.

Oi, *p. d. 1 s. du v. avoir,* 1077,
eus.

Oïe 127, *ouïe ;* o l'oïe a moi obeï
742, *il m'a obéi à la parole.*

Oimes *s. s.* 1109 ; *r. s.* 1199,
1534, *huitième ;* oitme 2690.

Oingnanz, *p. pr.* 1920, *appli-*
qués comme un onguent, cura-
tifs.

Oïr 70, 597, *etc., entendre ; ind.*
pr. 3 s. ot 25, 202, *etc. ; 2*
pl. oez 125, 782 ; *3 pl.* oent
23 ; *impér. 2 s.* oie 551 ; *1*
pl. oons 170, 985 ; oon 122 ;
2 pl. oez 76, 127, 129 ; oiez
849 ; *subj. pr. 3 s.* oie 2270,
3190 ; oit 671 ; *p. d. 3 s.* oï
741 ; *1 pl.* oïsmes 227 ; *2 pl.*
oïstes 2195 ; *fut. 1 s.* orrai
148 ; *3 s.* orra 3801 ; *3 pl.*
orront 1701, orrunt 3316,
3569 ; oirrunt 2438.

Oisdinece 2665, *oisiveté.*

Oisdis 2735, *oisif.*

Oisdiveté 3798, *paresse.*

Oisous 2761, *paresseux ;* oisose
841, *oiseuse.*

Oit 1536, *huit.*

Oitantiesme 1585, 1586, *quatre-*
vingtième.

Oitiesme 1603 ; oitisime, *adj.*
num. 1583, *corrigés en* oitme,
huitième.

Onc 3942, *jamais ;* onques 165,
642, 703, 1151, 1408, 1660 ;

ounques 2328, 3476, 3643.

Or 155, 247, 555, *maintenant.*

Oragous 3168, *disposé à s'em-*
porter, sévère.

Ordenement 3650, 3668, *ordi-*
nation ; 3716, *ordonnance.*

Ordeneor, *s. pl.* 3574, *ceux qui*
choisissent, ordonnent (un
abbé).

1 Ordener 3548,3549,3651,*nom-*
mer, désigner à une fonction ;
subj. pr. 3 s. ordent 3712.

2 Ordener 572, 1578,*etc.,ordon-*
ner, régler ; subj. pr. 3 s.
ordeinst 3473.

Ore 59, 245, *etc., maintenant ;*
ore et ore 1784, *en tout temps.*

Orer 699, 1148, *prier ; ind. pr.*
3 s. ore 2846 ; *subj. pr. 3 s.*
ort 2581 ; *3 pl.* orent 1928 ;
p. d. s. 3 ora 1162 ; *p. pr.*
orant 941, 1252 ; *p. p.* oré
1880.

Ort 2621, *jardin.*

Oser ; *subj. pr. 3 s.* ost 2073,
3837, 3841.

Ost 291, *armée.*

Ostel 2876, 3358, *logement, de-*
meure.

Ostelé, *p. p.* 3381, *hébergé.*

Oter ; *subj. pr. 3 s.* ost hors
1933, *mettre dehors.*

Ou, *prép.,* 1316, *avec.*

Oun (l') 2309, 2334, 2375, *l'on.*

Ouz 910, *oreilles.*

Ovec 3088, *avec ;* ovel (ovec)
3394.

Ovragne 692, *ouvrage ;* ovragnes
431 ; ovraigne 5, 84.

Paier 2306, *satisfaire; p. p.*
paié 1082, 2308.

Par 755, 1170, *particule aug-
mentative portant au superlatif
la signification des adjectifs
et des verbes.*

Paraler 1170, *aller.*

Paramounesté, *p. p.* 2366, *or-
donné.*

Parateindre 1170, *atteindre.*

Parçonier 268, *participant.*

Pardit, *p. p.* 1565, *achevé de
dire.*

Pardurable 56, 386, 651, 905,
3926, *éternel;* pardurables 114.

Pardurablement 142, 843, *éter-
nellement, pour toujours.*

Pardurer 38?0, *persister; fut.
3 s.* pardurera 1015.

Paremplir, *v. a.* 345, 2657,
2938, *remplir parfaitement,
accomplir; impér. 2 pl.* pa-
remplez 1284.

Parester, *persister; imp. de
l'ind. 3 s.* paresteit 3323.

Parfaire, *achever, accomplir;
subj. pr. 3 s.* 102, 677, 2600;
p. p. parfiz 3996; parfit 825,
869; parfite 1171, 1174.

Parfin; à la parfin 117, 3991, *à
la fin.*

Parfinée, *p. p.* 1869, *terminée.*

1 Parfont, *adj.* 904, *profond;* el
parfunt 950, *au plus profond.*

2 Parfont, *adv.* 674, *profondé-
ment.*

Parlement 846, 2968, 3236, *dis-
cours, propos.*

Parmaindre 3176, *persister; ind.
pr. 3 s.* parmaint 3151.

Parmanant; el parmanant 246,
pour toujours.

Parmener, *conduire jusqu'au
bout; ind. pr. 3 s.* parmeine
3957.

Parnent *ou* par nent (?)

Paroir, *paraître; ind. pr. 3 s.*
pert 308; *subj. pr. 3 s.* pere
2120.

Par tant, *loc. adv.* 1908, 1911,
par cela, en conséquence.

Partir 272, 1717, 2542, *parta-
ger; fut. 2 pl.* partirez 1553,
p. p. parti 1601.

Paternez 3519, *paternelle.*

Pasquel 2806, *pascal.*

Pechierres 51, 222; pechierre
1163, *pécheur.*

Peez 3066, *chaussons;* pieez
3012; piez 3034.

Pendre 566, *dépendre; ind. pr.
3 s.* pent 1805.

Pener, *v. réfl.* 1882, 2226, 2421,
*se donner de la peine, s'appli-
quer; v. a. impér. 2 pl.* pe-
nez 1838, *tourmentez; p. p.*
penez 2598.

Penos 2628, *qui se donne de la
peine;* penose 56, *doulou-
reuse.*

Perece 87, *paresse.*

Pereços 452, 1643, 3983, *pares-
seux;* perecous 641, 2498,
2751.

Pestringe 2621, *boulangerie;*
pestrins 2768.

Pichier 2351, *hémine, environ le tiers du litre.*

Pitos 82, 221, 982, *compatissant.*

Piu 1894, *miséricordieux.*

Piz 359, *poitrines.*

Plaier, *blesser; subj. pr. 3 s.* plaient 758.

Plait (en nul) 3878, *en aucun compte, à aucun titre.*

Plenierement 3063, *entièrement.*

Plenté 2374, *abondance.*

Poeirs 235, *pouvoir.*

Poeple 134, *peuple, gens.*

Poesté 2022, 2324, 2754, 3474, 3673, 3857, *puissance, pouvoir;* poestez, 1679.

Poestors 2927, *puissance redoutable.*

Poi 251, 26, 235, 3277, *etc., peu.*

Poior 332, *pires.*

Poindre, *piquer; ind. pr. 3 s.* poinst 738; *3 pl.* poignent 1414.

Polmenz 2303, 2308, *mets, plats;* poumenz 2311.

Poor 535, 584, *etc., peur, crainte respectueuse;* poour 2661, 2827, *etc.*

Pooros 788, *hésitants, peureux.*

Poosteis, 2921, 2984, *qui a le pouvoir, puissant.*

Porchacier 2132, *rechercher;* pourchachier 2205.

Porchaz 45, *gain.*

Porgarder 571, *veiller à; subj. pr. 3 s.* pourguart 3019; *subj. pr. 3 s.* porgart 3616, *se pourvoie.*

Porpens 552, *pensée, réflexion.*

Porpenser, *méditer, penser à; subj. pr. 3 s.;* pourpenst 3084, 3373; *p. p.* pourpensé 3758, *ayant la pensée que.*

Porpris 3770, *enclos.*

Porquant 1551, 1764, *etc., cependant;* pourquant 2203, 2237, *etc.*

Porveanz 3616, *prévoyant, prudent.*

Pou a pou de 1142, *en peu de.*

Pourveance 2400, *précaution, prudnece.*

Pouture 2297, *nourriture.*

Pouvoir; *ind. pr. 3 s.* poet 1173, *etc.;* puet 257, *etc.;* 2 *pl.* poez 600; *3 pl.* poent 14, *etc.; fut.* 2 *s.* 830, 1124; *3 s.* 371; 2 *pl.* porrez 597, *etc.;* 3 *pl.* porrunt 3015; *cond. 3 s.* povroit 3846; *p. d. 3 s.* 209, 372.

Povourous 2211, *qui fait ce qu'il peut, appliqué.*

Premerein 1307, 1388, 1549, 3540, *premier.*

Premereinement 1949, *premièrement.*

Premier 1352, *d'abord.*

Prendre 368; *subj. pr. 3 s.* preigne 2009, 2089, 3020; preingne 1842, 2807; prengne 1959, 1989; prenge 1857, 2282, 3414; *3 pl.* preignent 3048, preingnent 2839, 3867; prengnent 1710; prengent 2298, 2723.

Primerein 2522, *premier.*

Primes 519, 601, *etc., d'abord.*

Prior 1040, 1701, *etc., prieur, supérieur;* priors 1412, 1703, *etc.;* priour 2360, 2555, *etc.;* priours 2283.

Prisme *pris subst.* 177, 178, 604, *prochain.*

Prise; *por sa prise* 3524 *latin, assumptione sua, du droit résultant de son élection.*

Proposement 3176, *dessein.*

Proverrie 3347, *prêtrise;* prouverrie, 3426.

Provoire 461, *prêtre;* proveirres 3490 ; prouveires 3406; prouverre 3319.

Proz 3300 ; prouz 2444, *avantage;* pro 931, 3708; prou 838, 2144; preu 980.

Punée 2633, *salie.*

Punetez 2635, *souillures de l'âme.*

Quantconques 547, *toutes les fois que.*

Quant que 65, 197, 317, *tout ce que;* quanque 1081, 2023, 2840.

Que 38, 85, *etc., afin que.*

Que; *que qu* soit 2623, 2625, *quoi que ce soit, en quoi que ce soit;* ou *que que soient* 3543, *en quelque lieu qu'ils soient;* que *quel* 3231, *quel qu'il soit.*

Quei 3, 863, *etc., quoi.*

Quel 3753, *que la.*

Quemunaus 1423, *communs.*

Quemune 2844, *communauté.*

Quer 44, *car.*

Querez ; *2 pl. impér.* 131, *courez.*

Querre 524, 1897, 3794, *chercher, demander; ind. pr. 1 s.* quer 44; *3 s.* quert 200, 1013, 3169 ; quiert 1125, 1955, 1993 ; *1 pl.* queron 1528 ; *impér. 2 pl.* querez 519; *subj. pr. 3 s.* querc 515; *p. d. 1 s.* quis 861 ; *2 s.* quesist 133, *p. pr.* querant 329, 931.

Ques 1279, *que les.*

Quex 3959, *quels;* es quex 1716, *auxquels.*

Quil 134, 1146, 3305, *qui le.*

Quis 1718, 3118, 3958, *qui les.*

Quit, *ind. pr. 3 s.* 915, *croit ; 3 pl.* quident 3655.

Quiz, *p. p.* 2303, 2308, *cuits.*

Quoinses, *adv.* 1867, *comme, pour ainsi dire.*

Raençons, 270, *rédemption.*

Raisnable; *adj.* 471, *raisonnable, juste;* resnable 418, 1812.

Rapareillier 2220, *réconforter.*

Raiz (de) 1575, 1641, *derechef.*

Rebatellieres 3452, *rebelle.*

Recelée 3123, *chose qu'on dissimule.*

Receterres 410, *soutien, partisan.*

Recevoir 2558 ; receivre 2286, 2924, 2975 ; recevre 3320; *ind. pr. 3 s.* receit 2060 ; reçoit 489; rechoit 387, 428; *impér. 2 s.* reçoif 3235; *p. d. 2 pl.* receüstes 2878 ; *p. p.* receüz

1952, 1956, 3201; reçeü 1712,
1943, etc.

Rechet 1173, *retraite, refuge.*

Reconter, *rendre compte, ra-
conter; ind. pr. 3 s.* reconte
847; *subj. pr. 3 s.* recunt
2229.

Recouper 3606, *retrancher, ôter;
p.' p.* recoupé 3032.

Recovenir, *convenir; ind. pr.
3 s.* recovient 571, 663.

Recreer, *recréer, relever; subj.
pr. 3 s.* recrit 617.

Recroire (se), *se lasser; ind. pr.
s. 3,* se recroit 3194.

Redoutance 1681, *crainte.*

Refui 1927, *recours.*

Refuiant, *p. pr.* 3636, *se refu-
sant à.*

Regarder; *subj. pr. 3 s.* regart
915; reguart 3110.

Regehir, *confesser; fut. 3 s.* re-
gehira 930.

Regierres, *adv.* 221, 2223, *de
nouveau.*

Rehicier 218, *répéter.*

Rehiz (de) 3190, *de nouveau. V.*
Raiz (de).

Relès 2576, *rémission.*

Relment, *adv.* 827, *rarement.*

Remaindre, *rester, demeurer;
ind. pr. 3 s.* remaint 1203;
subj. pr. 3 s. remaigne 3303;
remagne 691.

Remanant, *subst.* 1597, *restant.*

Remembrance, 656, 3127, *sou-
venir.*

Remès, *p. p.* 1559, *restés, de-
meurés.*

Remuez, *p. p.* 3384, *chassé.*

Repairier, *retourner, être de re-
tour; fut. 3 s.* repaireront
3790.

Repeïz, *p. p.* 1642, *repris;* re-
peï 1618.

Reprenable 1728, *répréhensible.*

Reprochement 1099, *opprobre.*

Reprovant, *p. pr.,* 401, *repro-
chant, blâmant.*

Requellier, *recueillir; ind. pr.
3 s.* requelt 2864; *fut. 3 s.*
requeudra 803.

Requerre, *demander; ind. pr.
3 s.* requiert 2928, 3391, *etc.;
1 pl.* requerons, 336; *subj.
pr. 3 s.* requere 970; *fut.
3 s.* requerra 2256, 2965;
p. p. requis 3358.

Reschiver, *éviter, prendre garde
à; ind. pr. 3 s.* reschivons
951.

Resnablement 1997, 3369, 3705,
*raisonnablement, convenable-
ment.*

Respit 3603, *sentence.*

Responsoire 1321, *répons.*

Resui, *ind. pr. s. s.* 1102, *suis de
nouveau.*

Retaire 1012, *se taire, garder
un silence obstiné.*

Reter, *accuser; subj. pr. 3 s.*
ret 647.

Retraire 1086, *dire; ind. pr.
3 s.* retret 201.

Retret, *p. p.* 3032, *retiré, en-
levé.*

Reule 20, 23, 35, *règle;* rieule
3178, 3190, 3196; riele 2466.

Reuler, 3804, *régulier, conforme
à la règle.*

Reus 1104, *troublé, confus.*

Revenir ; *subj. pr. 3 s.* reviegne
1974.

Roil 3597, *rouille.*

Romanz, *s. m.* 36, 4000, *le fran-
çais par opposition au latin.*

Router, *rendre, vomir ; p. d. 3
s.* routa 470.

Salmodie 124, 1219, 1278, 1487,
psalmodie; salmodée (*rime*),
1622.

Sanc, *prép.* 276, 295, *sans.*

Saner 376, 2637, *guérir ; p. p.*
sanée 3911.

Saoulece 2361, *rassasiement,
satiété;* saoulesce 2369.

Sarabaïte 302, 331, *sorte de
moines vagabonds et irrégu-
liers.*

Sarmoner, *discourir, prêcher ;
ind. pr. 3 s.* sarmont 394.

Saumeor 166, *psalmiste.*

Saus 1840, *sauf;* sauf 1016.

Saut 283, *forêt.*

Sautiers 1639, *psautier ;* sautier
812, 976, *etc.*

Scismes 2660, *divisions, fac-
tions.*

Seaume 136, 1071, *etc., psaume;*
seaumes 1239, 1265 ; siaume
2522 ; siaumes 2651, 2716.

Segréement, *adv.* 1785, *en se-
cret.*

Seign 2479, *cloche;* seig 2711 ;
seint 1760, 2714.

Sein 1863, *bien portants.*

Seintéé 824, *sainteté.*

Seissantiesme 1358, *soixan-
tième.*

Seivans, *prép.* 2415, *suivant.*

Seivrement 3924, *séparation.*

Sejourner 3360; *ind, pr. 3 pl.*
sejournent 3042 ; *subj. pr.
3 s.* sejort 3367.

Sele 469, *siége.*

Selonc 71, 174, *etc., selon.*

1 Semainier, *s. m.,* 2169, 2245,
*qui est de service pendant toute
une semaine;* semainiers 2124.

2 Semainier, *adj.* 2161, *id.*

Semes 1090, *septième.*

Sen 3184, *si en* (si *part. aff.*).

Senestre 1148, *gauche.*

Senglement 1478, *séparément.*

Sengles 2164, 2724, *un pour
chacun.*

Sené 1932, 2728, *sensé, sage ;*
senez 2636, 3096, 3746.

Seoir 3752, *être assis ; subj. pr.
3 s.* siece 2735 ; sieche 3535;
fut. 3 s. se seira 2514.

Serjant 2227, *serviteur.*

Seronc 3552, *selon.*

Ses 3047, *si les* (si *particule
aff.*).

Set, *subj. pr. 3 s.* 3299, *soit;*
seit 1940, *etc.; 3 pl.* seient
1271, *etc., soient.*

Setenier; seteniers numbre 1449,
nombre de sept.

Setme 1385, 1570, 1590, 1594,
septième.

Seurre 116, 453, *suivre ;* seure
614.

S eûrs 3646, *sûr*; seûr 293, 1028, 1717.

Seürté 2346, *sûreté.*

Seveaus 2368, *au moins, du moins.*

Sevrez, *p. p.* 2544, sevré 2566, *séparé.*

Sexantismes, *s. s.* 1352, 1371, *soixantième*; sexantisme, *r. s.* 1384, 1387.

1 Si 420, 1450, 1498, 1565, *ainsi*; 41, 69, *etc., tellement*; si que 78, 160, 271, 1550, 1581, *de façon que*; si com 305, *ainsi que*; ne si ne si 704, *en aucune façon*; si ne si 3854.

2 Si, *particule explétive marquant l'affirmation*, 28, 129, 1039, *etc.*

3 Si 364, *ses.*

Sié 1252, *siège.*

Sievir, *suivre*; *ind. pr. 3 s.* seut 762; *3 pl.* sevent 1476; *subj. pr. 3 s.* sieve 2183; seve 578, 991, *etc.*; *impér. 2 s.* seu 146; seuve 964; *fut. 3 s.* seurra 1355; sevra 3200; *3 pl.* seurront 3540; sevront 1306; *p. p.* sevant 1494.

Sil 484, 1316, si le (si, *partic. affirm.*).

Simpleté 3365, *simplicité.*

Sin 996, 2516, 3046, *si en* (si *part. affirm.*).

Singuler 294, *singulier.*

Sis 1239, 1265, 1296, *etc., six.*

Siste 1079, 1371, 1382, *etc., sixième.*

Soe 101, 237, *etc., sienne.*

1 Soef, *adj.* 449, *doux.*

2 Soef, *adv.* 1135, 3932, *doucement*; souef 3760.

Sogez 1002, *subordonné*; sougez 3685.

Soig 687, *soin.*

Solaz 295, 2037, 2134, *aide, secours*; soulaz 2939, 2949.

Solz, *p. p.*, 3220, *payé, acquitté.*

Somellos 640, 1773, *qui aime à dormir.*

Sonner, *dire, faire entendre*; *subj. pr. 3 s.* sunt 2404, 3969; *fut. 3 s.* sonnera 2711; *p. p. s. s.* sounez 2714; *r. s.* soné 1760; *3 s. subj. pr.* sont 1847.

Sonnianz, *p. pr.* 3081; les fres-letez des sonnianz, *texte latin: fragilitates indigentium.* V. Du Cange : Sonnis in vett. Glossis. *Impeditio, impedimentum*; *d'où l'on peut tirer ce sens pour* sonnianz, *étant embarrassés, étant dans le besoin.*

Sooir 3534, *s'asseoir.*

Soploier 1685, *supplier.*

Soprendre, *surprendre*; *subj. pr. 3 s.* soprengne 132.

Soraler, *aller au-dessus, dépasser*; *subj. pr. 3 s.* soraut 1733.

Sorceindre 155, *ceindre.*

Sore 978, *sur, dessus.*

Sospite 654, *suspecte, appréhendée.*

Soue 3227, *sienne.*

Soucfté 3820, *douceur.*

Soufire 2313, 2656, 3027, *suf-*

fire ; sofire 3oo4 ; *f. 3 s.* souf-
fira 3361.

Souframent 3825, *patiemment;*
soufraument 22o3, 3155.

Soufrir 2290, 2353, *etc;* soffrir
632, 637, *etc.,* souffrir *; ind.
pr. 3 s.* soefre 1009 ; *3 pl.*
suefrent 1776 ; *subj. pr. 3 s.*
1018 ; *2 pl.* soffrez 1914 ; *3 pl.*
suefrent 2209 ; *fut. 3 s.* sou-
ferra 2547 ; *p. d. 3 s.* soffri
270 ; *p. pr.* soffranz 1022 ;
souffrans 2225.

Souloir, *avoir coutume; ind. pr.
1 s.* sol 1461 ; *3 s.* seult 1592,
2447, *etc.;* suelt 2490 ; scut
2322 ; selt 2651, 2800, 3649 ;
3 pl. suelent 3041 ; *1 pl.* solon
1481 ; *imp. 3 s.* soloït 3652.

Soun 2558, 2777, *son, bruit.*

Sourdre 3846, *surgir ; ind. pr.
3 s.* sourde 3650 ; *3 pl.* sour-
dent 3677; 590, 1414.

Soure 2446, *en plus.*

Sourfaire, *excéder la mesure;
ind. pr. 3 s.* sourfet; *subj. pr.
3 s.* sorfet 3595 ; *p. p.* sourfaiz
3363, 3382 ; sourfet 3031 ;
sorfaiz 3612, *arrogant.*

Sourfait 2201, 3363, *excès, ou-
trage.*

Sourrampir, *se glisser; subj. pr.
3 s.* sourrampisse 2362 ; souz-
rampisse 3138.

Souspeços 3613, *soupçonneux,
méfiant.*

Soutivement 2858, *avec ferveur.*

Souzgire, *être soumis; subj. pr.
3 s.* sozgise 582, 2467, 2992,

etc.; sousgise 2745 ; *fut. 3 s.*
sozjerra 3874 ; *p. p.* sougiz
3462.

Soveniers 672, *appliqué souvent.*

Sovrein 3402, *supérieur.*

Sozgiet (de) 839, *avec soumission.*

Sozpendu *p. p.* 1830, *suspendu.*

Soztraiant, *p. pr.* 1373, *ralen-
tissant.*

Stramens 3049, *couchure.*

Suen 567, 586, 3935, *sien;*
suens 213, 539.

Sunc 3479, *selon.*

Surreptioun 2327, *atteinte.*

Taisir 819, 835, 2267, 2803, *se
taire;* tesir 2466.

Taisible 1010, *tacite.*

Taisibleté 2685, *silence.*

Tant 103, 134, 245; tantes foiz
1230, *autant de fois;* tan dis
que 241, 874, *pendant que,
aussi longtemps que;* tandis
que 2575, *jusqu'à ce que;* tant
ne quant 328, 1748, 2228,
2961, 2974, *ni peu ni beau-
coup, pas du tout;* en tant 5o,
en tout cela; dusque à tant que
1121, *jusqu'à ce que.*

Targaument 2216, *tardivement.*

Targier 2030, *tarder.*

Tei 3417, *toi.*

1 Temprement, *subst.* 2996,
température; tempremenz 441,
tempéraments, caractères.

2 Temprement, *adv.;* plus tem-
prement 1293, *de meilleure
heure ;* tempréement 1771,
doucement.

Temprer 2401, *régler; p. p.* tempré, *modéré;* el tens tempré 1275, *dans la belle saison.*

Tençuns 3678, *dispute.*

Tenir 233, 625, *etc., tenir, observer; subj. pr. 3 s.* tieingne 3365; tiengne 1084; tienge 3013; *2 pl.* tengiez 1286; *3 pl.* tiengnent 3863; tiengent 3465; *fut. 3 s.* tendra 1177, 3199; *2 pl.* tendrez 1436; *3 pl.* tendront 2395; tendrunt 3508; tindrent à petit 381, *firent peu de cas.*

Tenour 2745, *rigueur.*

Tere (se) 1460; *ind. pr. 3 s.* se test 1011; *subj. pr. 3 s.* taise 1121; *p. d. 1 s.* tui 986; *p. p.* teü 816.

Terdre, *essuyer; ind. pr. 3 s.* tert 2161.

Terrienes 512, *terrestres.*

Testemoine 609, *témoignage;* testemone 3456; testemoines 3629; freres de boens testemoines 1706, *frères sur lesquels on peut donner de bons témoignages.*

Testemoines 3315, *témoins.*

Tiez 3011, *tels.*

Toalles 2150, *serviettes.*

Tolir 914, *enlever; 3 pl. ind. pr.* tollent 2933.

Tonture 310, *tonsure.*

Torcenos 1982, *violent.*

Tot 42, *etc., tout;* toz, 53, *etc.;* tote 189, *etc.;* totes 91, *etc.;* del tot 679, 1104, *en tout, entièrement;* de tot en tot 332;

toz dis 1759, 3600, *etc., toujours.*

Tout 2220, *etc.;* touz dis 3073, 3087, 3435, *toujours.*

Traire 182, *tirer, attirer, amener; ind. pr. 1 s.* trais 861; *3 s.* trait 1115, 1800, *etc.;* tret 3596; *1 pl.* traions 980; traion 1064; *subj. pr. 3 s.* traie 552, 2234; *p. p.* trait 546; traire à chief 3816, *venir à bout, achever.*

Traiter; *subj. pr. 3 s.* treit 3372.

Tramis, *p. p.* 3374, *envoyé.*

Translater 35, *traduire.*

Traveillier 2398; travellier 722, 1290, *travailler; subj. pr. 3 s.* travaut 2761.

Travent (se) 2579, *se projiciat.* (*texte de la règle*).

Tref 408, *poutre.*

Tresel 1539, 1548, 1562, 1571, *trois.*

Tresnomez 1260, *renommés, illustres.*

Trespas 1731, 3795, *excès.*

Trespassables 511, *périssables.*

Trespasser 1408, 1802, 1845, *dépasser, passer outre; f. 3 s.* trespassera 3531; *p. p.* trespassé 673.

Tresque, 267, 1144, *etc., jusque.*

Trestot 424, 806, *etc., tout, tous;* trestoz 497, 1058, *etc.;* trestout 2256, 2413, *etc.;* trestous 2875; trestouz 2431, 2504, *etc.;* trestote 561, 840, *etc.;* trestoute 2894, 2907, *etc.;* trestuit 2, 1245, *etc.*

Tricheressement 3130, *en trompant*.

Tristor 2136, *tristesse*.

Trouver 3017; trover 576, *etc.; ind. pr. 3 s.* troeve 430, trueve 306, 2377; *subj. pr. 3 pl.* truissent 3753.

Tuen 408, *tien*.

Tuit, *m. pl.* 1304, 1328, *etc., tous*.

Uevre 38, 2713, 2826, 3170, 3316, *œuvre*.

Uitovre 2703, 2675, *octobre*.

Umbicté 987, 999, *etc., humilité*; umlcté 1107, 1117.

Un 1267, 2925, *etc., on*; l'un 1299, 2239, *etc.*

1 Us 1185, 1436, *etc., usage*; en mesme l'us 1311, 1616, *suivant le même usage, de la même manière*.

2 Us 3745, *porte*.

Vacans 2750, *errant*.

Vaï 327, *errant, vagabond*.

Vaier 3772, *vaguer; pris subst.* li vaiers 3773.

Vait; *ind. pr. 3 s.* 1940, 1946; veit 2618; vet 3807, *va; 3 pl.* vount 2398, *vont; subj. pr. 3 s.* voist 455, *aille*.

Vaslet 3283, 3304, 3507, 3539, *jeune garçon;* vaslets 2333; vaslez 3277.

Vasletage 1965, *enfance;* vasletages 3439.

Vé 2025, *défense*.

Veaus 2509, *au moins, du moins*.

Véer, *défendre; ind. pr. 3 s.* 938; *p. p.* véé 3852.

Venir 240, *etc.; subj. pr. 3 s.* veingne; viengne 2490; vieingne 2706; vienge 1873; *3 pl.* viengent 3312; *subj. pr. 1 pl.* vengons 3770; *fut. 2 s.* vendras 3991; *3 s.* vendra 1291, 2487, *etc.; 3 pl.* vendrunt 3753; *p. d. 1 s.* ving 993; *2 s.* venis 3330; *3 s.* venist 1179; *2 pl.* venistes 2196.

Verbos 1140, *loquace*.

Vergoigne 2510, 3981, *honte*.

Verms, 1098, *ver*.

Vers 1223, 1225, *etc., verset*.

Versellier 1648, 1658, *chanter des psaumes, des versets; 2 pl. impér. 2 pl.* verselliez 1502; *fut. 1 s.* versellerai 1670; *p. pr.* verseillanz 2526; *p. p.* verselliez 1639; versellié 1353.

Vesprée; la vesprée 1453, *les Vépres*.

Vesprin 1503, 1611, *des Vêpres*.

Vesteüre 2993, *vêtements;* vesteüres 1755.

Vestuaire 3025, 3035, 3044, 3260, *vestiaire*.

Viaz 2950, *promptement*.

Vilté 1080, 1092, *bassesse, mépris*.

Vinos 639, *adonné au vin*.

Vis; ce m'est vis 321, 733, 1005, *il me semble*.

Vochiez 110, *reconnus, déclarés du v.* vocher; vonchiez 3451.

Voel 1990, *volonté*.

Voir, *s. m.* 380, *vérité*.

Voirement 141, 347, 525, *vrai-ment*.

Voirs 276, *vrai;* voire 121 ; por voir 943, *vraiment*.

Voist (s'en) 455, *subj. pr. 3 s. du v.* aler.

Voloir *v. pris subst.* 319, *etc., volonté;* voloirs 954 ; voleir 944.

Vouloir, *v., ind. pr. 2 s.* vel 3417; velz 3180; veus 141;

3 s. velt 2859, *etc.;* veut 24, *etc.; 1 pl.* volon 239, *etc.;* volons 961, *etc.;* volun 2773; voluns 2492 ; *subj. pr. 3 s.* voil 222, *etc.;* voele 612 ; voelle 373, *etc.;* voille 1940, *etc.; 2 pl.* voilliez 126; *3 pl.* voellent 2639; voelent 309, *etc.; fut. 3 pl.* voudrent 3121; *p. d. 3 s.* vout 104, 196 ; *p. pr.* voillant 634, 790.